Dieu existe-t-il ?

... et 101 autres questions

Textes : Charles Delhez

Illustrations : Klaas Verplancke
et Florence Vandermarlière

FLEURUS - *fidélité*

Édition : A Cappella Création
Direction artistique : Élisabeth Hebert
Mise en page : Penez Édition

Groupe Fleurus
15/27, rue Moussorgski, 75018 Paris. France.
ISBN Fleurus : 2-2150-4547-7
« Loi n°49-956 du 16 juillet 1949 sur les publications destinées à la jeunesse. »

Fidélité
61, rue de Bruxelles, BE-5000 Namur. Belgique.
ISBN Fidélité : 2-87356-294-3
Dépôt légal (Belgique) : D/2004/4323/14

Biographies

Charles Delhez

Charles Delhez, prêtre jésuite de la communauté de Louvain-la-Neuve, est sociologue de formation.
Rédacteur en chef du grand hebdomadaire belge *Dimanche*,
il est également directeur littéraire des Éditions Fidélité et conférencier.
Il a collaboré à de nombreux ouvrages destinés aux plus jeunes.
Dans la revue *Samuel* qu'il a fondée, destinée aux enfants de 9 à 13 ans,
il répond depuis des années aux questions des enfants.
C'est de cet échange qu'est né ce livre.

Klaas Verplancke

Après des études de publicité, de photographies et d'arts graphiques à l'institut Saint-Luc à Gent, en Belgique, Klaas Verplancke travaille comme illustrateur indépendant. Plusieurs fois récompensé, il est aujourd'hui un illustrateur à la renommée internationale. Il a publié déjà plus de 130 livres et a contribué à illustrer des centaines de magazines dont *Samuel* d'où sont extraites les illustrations de ce livre.

www.klaas.be

Florence Vandermarlière

« Une plaquette de chocolat (ou trois),
des pastels et des craies grasses, un merle
qui chante dans le chêne de mon jardin,
du papier recyclé de couleur, un ordinateur
pour échanger des mails…
Et puis du silence et un peu de musique… »

Voilà l'univers de Florence, graphiste et illustratrice. Elle est heureuse de vivre sa passion d'illustratrice, dans un atelier entre ville et campagne, en région lyonnaise, et aussi de la partager avec ses filles Célestine et Marine.

Pour Adrien et Sophia,
quand ils seront plus grands.

Pour Bruno, Damien, Florence, Marie et Paul.

Pour tous les enfants
dont je me sens parfois si complice.

102 questions, pourquoi pas 100 ou 99 ou …380 ?

Le livre aurait pu être plus gros, puisque chacun a ses propres questions. Mais il fallait bien se limiter, de peur que tu ne croies qu'en un seul livre, on puisse mettre toutes les réponses et que, lorsqu'on a fini de le lire, il n'y en ait plus à se poser. Dans ces pages, tu reconnaîtras certaines – même beaucoup – des questions que tu te poses, car elles viennent de jeunes comme toi. Mais il y en a encore d'autres…

Je ne te promets pas que j'écrirai un autre livre, mais je te souhaite de croiser sur ta route des chrétiens heureux de croire, prêts à faire un bout de chemin avec toi. La foi chrétienne n'est pas d'abord un jeu de questions et de réponses, mais une amitié avec Jésus. Puisses-tu rencontrer des témoins qui t'en diront toute la beauté.

Charles Delhez, s.j.

Som

La foi

Dieu

La Création

maire

Jésus

La Résurrection

L'au-delà

La vie en Église

La prière

Le mal

Marie

La foi

La foi

Pourquoi tout le monde ne croit-il pas en Dieu ?

Si certaines personnes ne croient pas en Dieu, c'est peut-être parce qu'elles n'ont pas rencontré des croyants heureux et qui avaient envie de témoigner de leur foi.

Peut-être ont-elles été choquées par les injustices commises par ceux qui disent croire en Dieu. C'est peut-être aussi parce que, lorsque l'on croit en Dieu, il faut changer de vie, aimer en vérité, penser aux autres, se dévouer, abandonner ses mauvaises conduites. Jésus n'est-il pas venu nous montrer que l'idéal est de vivre sans faire le mal, sans pécher, comme dit l'Évangile ? Ou bien est-ce parce que personne n'a réussi à leur parler de Dieu avec des mots qui satisfont leur intelligence : il leur reste toujours des questions auxquelles personne n'a su répondre, notamment celle de la souffrance qui est, pour beaucoup, une objection à l'existence de Dieu.

Pourquoi tout le monde ne croit-il pas en Dieu ? Finalement, c'est le mystère de la liberté de chacun. En effet, Dieu n'oblige personne à croire en lui. Il n'a pas créé des marionnettes, mais des êtres libres.

C'est quoi la foi ? C'est quoi perdre la foi ?

La foi, ce n'est pas d'abord croire certaines choses, mais faire confiance à quelqu'un : Dieu.

Le croyant, celui qui a la foi, a compris un jour ou l'autre, d'une manière ou d'une autre, au plus profond de lui-même, qu'il était aimé. Et du coup, il a envie d'aimer ce Dieu qui l'aime et, comme en ricochet, d'aimer tous ses frères et sœurs.

« J'ai perdu la foi », disent certains. Peut-être leur foi n'était-elle pas assez personnelle et se résumait-elle à quelques petites idées qu'ils admettaient. Peut-être aussi une épreuve trop lourde à porter est-elle venue ébranler cette confiance. Le mal et la souffrance restent en effet des grands points d'interrogation dans la vie. Peut-être encore s'agit-il d'un « passage à vide », d'une étape de remise en question dont la foi sortira plus forte.

La foi est, comme toute relation humaine, une plante délicate. Si tu ne la soignes pas, elle ne grandira pas, elle périra. Si tu l'entretiens fidèlement, elle t'offrira une merveilleuse fleur ! Personne ne peut en deviner toute la beauté en se contentant de regarder la graine que l'on met en terre.

La foi

Faut-il croire en Dieu ?

Croire en Dieu n'est pas une obligation, mais une chance ! Te demanderais-tu : « Faut-il avoir des amis ? » Tu sais bien que sans amis, tout est triste. Je crois que sans Dieu aussi.

Mais peut-être penses-tu que croire en Dieu, c'est être obligé(e) d'assister à la messe, devoir faire ses prières, se forcer à aller au catéchisme… L'amitié, est-ce être obligé(e) de souhaiter l'anniversaire de son ami(e), devoir le (la) saluer chaque jour, être tenu(e) de lui téléphoner de temps en temps ? L'amitié ne se force pas, la foi non plus.

Si tu veux te faire des ami(e)s, sois attentif(ive) aux autres. Si tu veux croire en Dieu, fais attention à lui et à tout ce que ses témoins te disent de lui. Tu découvriras ainsi qu'il t'aime et tu auras envie de l'aimer. Lors d'un grand rassemblement de jeunes, je m'en souviens encore comme si c'était hier, l'un d'entre eux, aux jambes paralysées par un accident, a déclaré : « Si j'avais à choisir entre garder ma foi ou retrouver mes jambes, je garderais la foi. »

Quelle différence y a-t-il entre superstition et foi ?

« Ne passe pas sous cette échelle, cela porte malheur ! » Peut-être as-tu déjà entendu cette réflexion ou bien rencontré des gens qui ont peur du vendredi 13, ou qui n'osent pas regarder un chat noir pendant la nuit… Ce sont des superstitions.

Une superstition, dit le dictionnaire Larousse, est une déviation du sentiment religieux. On pourrait croire que c'est de la religion, mais en fait, c'est de la crainte et de l'ignorance. Il faut faire ce geste-ci, il faut éviter celui-là, il faut respecter certaines coutumes sinon il va arriver un malheur… Tout cela n'a rien à voir avec la foi !

La foi, c'est beaucoup plus que croire en l'existence de Dieu, réciter des prières et aller à la messe. C'est s'appuyer sur celui en qui on croit. La superstition est souvent liée à la peur ; la foi est toujours liée à la confiance.

Mais attention, on peut parfois aussi utiliser la religion comme une superstition : quand on prie uniquement pour avoir des avantages, lorsqu'on imagine qu'en brûlant un cierge on réussira automatiquement ses examens… C'est comme si on voulait acheter Dieu, le mettre à notre service. Certains aussi font de Dieu un gendarme qui nous surveille et qui punira si on ne respecte pas toutes les obligations et tous les rites. Ce n'est plus de la foi, c'est de la peur.

Peut-on prendre à la lettre tout ce qui est écrit dans la Bible ?

La foi

Prendre des textes sacrés au pied de la lettre, c'est une maladie de toutes les religions. Cela s'appelle du fondamentalisme. Ce danger existe aussi pour la Bible.

Voyons d'abord le Premier Testament (qu'on appelle aussi l'Ancien Testament). L'essentiel, le voici : Dieu a agi dans l'histoire des hommes et a fait alliance avec eux. Pour nous le faire comprendre, il y a différents genres de livres. Le prophète Jonas, dont tu connais peut-être l'histoire avec la baleine, est le héros d'un conte imaginé pour faire passer un message (un peu comme *Le Petit Prince* d'Antoine de Saint-Exupéry). D'autres personnages, par contre, ont réellement existé. Par exemple, Abraham, Moïse, David, Élie, Jérémie et beaucoup d'autres. Ils ont existé et nous ont laissé un message. Mais, pour nous montrer toute leur importance, on a parfois exagéré leurs actions. Leur histoire est devenue une véritable épopée. Des légendes se mêlent aussi parfois aux récits historiques. Quant à Adam et Ève, ils sont des personnages « symboliques ». On pourrait dire aussi « mythiques ». Le mythe est une sorte de parabole que l'on se raconte depuis la nuit des temps pour répondre, de manière imagée, aux grandes questions de l'humanité : d'où venons-nous, pourquoi le mal, où allons-nous ?

Le Nouveau Testament, lui, nous parle de Jésus, le fils de Marie. Celui-ci est né lorsque Tibère était empereur de Rome et Quirinus, gouverneur de Judée. Il est mort sous Ponce Pilate. Il nous a apporté une Bonne Nouvelle et il est ressuscité, toujours vivant au cœur de Dieu et à nos côtés. Cela ne signifie pas que dans le Nouveau Testament tout soit à prendre au pied de la lettre. Il y a aussi des éléments symboliques qui s'y mêlent. C'est très clair dans le livre de l'Apocalypse.

La lecture de la Bible demande donc une initiation…

Suis-je chrétien(ne) ou catholique ?

Sais-tu que c'est à Antioche, vers l'an 43, que les disciples de Jésus ont été appelés chrétiens pour la première fois ? C'est le livre des Actes des Apôtres qui nous le raconte (Actes 11, 26). Depuis lors, il y a eu des divisions dans la famille chrétienne, et les différentes sensibilités, au lieu d'être comprises comme des richesses, sont devenues motifs de séparation.

Je crois qu'il vaut mieux te dire d'abord chrétien(ne) et ensuite catholique. Tu insistes ainsi sur ce qui fait l'unité de tous ceux qui suivent l'Évangile de Jésus.

Quand on veut préciser, il faut bien ajouter un adjectif à chrétien (un peu comme on ajoute un prénom à un nom de famille). Le chrétien est en effet toujours ou bien protestant, ou bien anglican, ou bien orthodoxe, ou encore catholique… car c'est par l'intermédiaire de ces Églises qu'il a reçu l'Évangile de Jésus, ce sont elles qui l'ont aidé à le comprendre et à le mettre en pratique. Il n'existe pas de chrétien qui aurait trouvé l'Évangile tout seul, sans une communauté pour le lui annoncer.

On peut espérer qu'un jour, ces adjectifs ne seront plus signe de division, mais couleurs d'un arc-en-ciel. En attendant, que chacun soit fidèle à ce qu'il a reçu et apprenne à découvrir les richesses des autres. Il ne faut pas, en effet, rêver que les « autres » chrétiens rejoignent un jour les catholiques, mais que tous, nous rejoignions le Christ et le suivions de plus près.

Il y a différentes sortes de chrétiens. Pourquoi sont-ils divisés ?

Il y a effectivement des orthodoxes, des protestants, des anglicans, des catholiques… Ce sont un peu comme des prénoms ; chrétien est leur nom de famille. Ils ont, en effet, tant en commun.

Depuis vingt siècles déjà, les chrétiens gardent précieusement la Bonne Nouvelle de Jésus et la foi en sa résurrection. Mais, hélas, cette longue histoire a été marquée par des divisions. Des disputes de famille, en quelque sorte.

En 1054, les chrétiens d'Orient et ceux d'Occident se sont divisés : les orthodoxes d'un côté et les catholiques de l'autre. Les différences étaient sans doute plus politiques et culturelles que religieuses. En 1517, l'Allemand Luther affiche son désaccord à propos de certaines croyances et pratiques de l'Église catholique. À sa suite, Calvin, Zwingli et d'autres forment aussi de nouvelles Églises. C'est la naissance de la branche protestante qui, au cours des siècles, va foisonner en d'innombrables petites Églises. Les anglicans, ce sont les protestants d'Angleterre qui, avec Henri VIII, leur roi, se sont séparés du pape de Rome.

Quand il y a dispute, il faut bien, à un moment ou à un autre, cesser de chercher à savoir qui a raison et tout faire pour se réconcilier. Pour y arriver, rien de tel que de regarder les différences comme des richesses. La beauté de la liturgie des orthodoxes, l'amour des protestants pour la Bible, la force des sacrements chez les catholiques, l'ouverture des anglicans au dialogue… autant de trésors à ne pas perdre. Et, en attendant l'unité retrouvée, on peut déjà travailler ensemble pour la paix dans le monde. C'est pour elle que Jésus est venu.

Pourquoi y a-t-il plusieurs religions ?

Parce que l'homme cherche Dieu et que Dieu cherche l'homme. On trouve en effet des traces très anciennes de religion chez l'être humain. Il a pris très vite conscience que sa vie venait de plus loin que lui et que la mort ne pouvait mettre fin à son existence.

Tu auras déjà remarqué que les civilisations et les cultures sont bien différentes. Si tu as voyagé, tu te seras sans doute senti perdu(e) dans les pays asiatiques, si différents des nôtres. Chacun cherche Dieu en fonction de sa culture. Et Dieu, puisqu'il est créateur de tous les hommes, veut se manifester à chacun selon sa culture. Il y a donc du bon dans toutes les religions, chacune est à sa manière un chemin où l'on peut rencontrer Dieu.

Les chrétiens, cependant, croient que le Dieu unique s'est manifesté de manière exceptionnelle en Jésus de Nazareth, un être humain tout comme nous, enraciné dans une culture et une religion qui l'ont préparé, le Premier Testament. Son message a quelque chose qui peut s'adapter à toutes les cultures puisque tout se résume dans l'amour : Dieu est Amour et il nous invite à nous aimer les uns les autres. C'est, me semble-t-il, le message le plus fort dans l'univers des religions. De plus, celui qui l'a proclamé l'a vécu jusqu'au bout. Un beau message, donc, et un excellent messager ! Pour le chrétien, Jésus est l'Emmanuel, « Dieu parmi nous ». Il est le plus beau cadeau que Dieu ait fait à l'homme. Cette Bonne Nouvelle mérite d'être annoncée à tous les peuples sans pour autant mépriser les autres cultures et les autres religions.

Est-ce que je pourrais être chrétienne, si j'étais indienne ?

Si tu étais née en Inde, tu serais très probablement hindoue, comme la majorité des Indiens. En effet, la plupart du temps, on hérite de la religion de ses parents. Il y aurait alors dans ta maison un petit coin avec des images de dieux hindous. Tu y mettrais des fleurs ou même des fruits, et chaque matin, ta maman y allumerait une lampe à l'huile ou un bâton d'encens. Dans cet endroit de la maison, chaque membre de ta famille viendrait prier de temps en temps. Si tu étais hindoue, le plus important serait de vivre le mieux possible ta religion. Et Dieu t'aimerait tout autant : il aime les hommes de toutes « races, langues, peuples et nations », comme le dit la Bible.

Mais tu pourrais aussi être née en Inde et être chrétienne. Il y a en effet 1 % de chrétiens en Inde et l'Église y est très dynamique. On raconte que saint Thomas lui-même est allé parler de Jésus dans ce pays. Mais c'est au XVIe siècle, surtout, que l'Inde a été évangélisée. Saint François Xavier en fut le grand apôtre. Il a parcouru tout ce continent à pied et a été jusqu'au Japon !

Maintenant, à moi de te poser une question : toi qui es sans doute chrétien(ne), es-tu content(e) d'avoir découvert Jésus et son Évangile ? As-tu envie de rester chrétien(ne), et même de le devenir de plus en plus ?

Que sont les témoins de Jéhovah ?

Les témoins de Jéhovah sont une « secte chrétienne ».

Pourquoi une secte ? Parce qu'ils forment un groupe coupé de la société. Ainsi, par exemple, ils ne peuvent pas fêter Noël ou les anniversaires. Ils sont donc à part des autres. Les membres ne sont pas entièrement libres. Quand on est entré chez eux, il est très difficile d'en sortir. Une secte a aussi toujours des buts cachés (souvent l'argent), mais il n'est pas facile de savoir qui en profite.

Pourquoi chrétienne ? Parce qu'ils se servent de la Bible, mais ils ne la comprennent pas comme nous. Leur traduction est parfois arrangée pour leur donner raison. Ils ne reconnaissent pas en Jésus le Fils de Dieu et, pour eux, Dieu n'est pas Trinité, « Père, Fils et Esprit Saint ». Sont-ils dès lors vraiment chrétiens ? Je ne crois pas.

Les témoins de Jéhovah sont surtout connus pour avoir prédit plus d'une fois la date de la fin du monde, que personne ne connaît. Ils disent qu'il n'y aura que 144 000 élus au Ciel. Ils sont aussi très attachés au nom « Jéhovah » pour désigner Dieu. Le nombre des témoins de Jéhovah est en augmentation dans beaucoup de pays (mais chez nous, ce n'est plus le cas).

Aujourd'hui, tu le sais, beaucoup de gens sont attirés par les sectes. Ils ne savent plus très bien où ils en sont. Pour être à l'abri de ce danger, continue à essayer de bien comprendre ta religion, cultive ta foi chrétienne.

Qu'est-ce qu'une secte ?

Certains avaient prédit la fin de la religion. Or, on en voit de nouveau de plus en plus, et un peu partout. Jadis, explique un sociologue, la religion était contenue dans une bouteille, l'Église. Aujourd'hui, cette bouteille est cassée et la religion se répand partout. On assiste en effet à la multiplication de petits groupes qui ont chacun leurs formules religieuses et leur gourou.

Ces groupes sont-ils dangereux ? Pas nécessairement, mais parfois ils le sont. Il faut donc être prudent. Souvent, on entre dans une « secte » les yeux fermés, en faisant une confiance absolue à ceux qui nous y ont invités. Et dès qu'on est entré, tout se met en place pour qu'on n'ouvre plus jamais les yeux. Quelqu'un a dit de ces sectes dangereuses qu'elles étaient comme des prisons sans barreaux. C'est en effet à l'intérieur de lui-même que l'adepte est conditionné pour y rester et, hélas aussi, se laisser exploiter.

Mais, attention, le mot secte est lui-même un mot dangereux. On l'applique trop souvent à ce que l'on ne comprend pas, à ceux qui pensent autrement que nous ou ceux qui s'investissent à fond dans la vie religieuse. Il faut parfois expliquer aux jeunes que les moines ne font pas partie d'une secte !

Une dernière chose encore. Il y a les sectes, mais il y a aussi les attitudes sectaires. Et là, personne n'est à l'abri, ni les religions, ni les croyants, ni les non-croyants. L'intolérance est un poison pour la société, une tentation pour chacun.

Je connais des gens qui se disent **chrétiens** et qui sont quand même **racistes**. Est-ce possible ?

Ça a l'air de t'étonner que l'on puisse être en même temps chrétien et raciste. Tu as bien raison. Déjà, dans le Premier Testament, on nous parle d'Adam et Ève comme étant les premiers parents de toute l'humanité. Nous sommes donc de la même famille. C'est une image, bien sûr, pour dire l'idéal de fraternité de toute l'humanité. À l'autre bout de la Bible, saint Jean nous parle des foules de « toutes races, langues et nations » (Apocalypse 7, 9) rassemblées dans le Ciel. Saint Paul rappellera aux premiers chrétiens qu'il ne peut plus y avoir de différence entre eux : « Il n'y a plus ni Juifs, ni Grecs », leur dit-il (Colossiens 3, 11). Voilà le message que l'Église redit sans cesse.

Comment est-il possible qu'il y ait encore des chrétiens racistes ? Parce que les chrétiens ne sont pas parfaits et qu'il leur arrive aussi de manquer leur idéal. Qui ne manque jamais son idéal ? Mais, ce qui est plus grave, c'est que certaines personnes (chrétiennes ou non) s'efforcent de prouver qu'elles ont raison d'être racistes.

Être raciste, c'est vraiment tout le contraire d'être chrétien. Nous avons un seul et même Père, celui des cieux. Comment pouvons-nous faire des différences entre nous ?

Dieu

Qui est Dieu ?

Depuis que l'être humain existe, il cherche quelque chose ou quelqu'un de plus grand que lui, qui donne sens à sa vie. Cet « absolu », il l'appelle Dieu. Dieu est donc, en quelque sorte, un nom commun. Chaque religion lui donne un ou plusieurs noms propres. Ainsi, les musulmans l'appellent Allah, les hindous, Vishnou, Shiva, Krishna... Pour les chrétiens, Dieu est le père de Jésus et le nôtre. En nous apprenant à l'appeler « Notre Père », Jésus a révélé que Dieu aimait tous les hommes, sans exception.

Saint Jean a écrit aux premiers chrétiens : « Dieu est Amour. » (1 Jean 4, 8.) Au cœur de l'univers et à la source de tout, il y a donc un amour immense. Et, comme tu le sais, on ne peut pas être amour tout seul. Il y a un seul Dieu, disent les chrétiens, mais il n'est pas tout seul pour autant. Il y a en lui trois personnes qui s'aiment et ne font qu'un. « Un » n'est pas ici un nombre mathématique, mais le chiffre de l'amour. Cette relation qu'est Dieu, on lui donne le nom de Trinité. Tu t'en souviens chaque fois que tu fais le signe de croix : « Au nom du Père, et du Fils, et du Saint-Esprit. »

Lorsque nous aimons, même si nous ne le connaissons pas, nous le rencontrons. Un peu comme un bébé qui respire sans savoir ce qu'est l'air.

Dieu existe-t-il ?

Pour ma part, je te répondrai oui, non parce que j'ai des preuves, mais parce que je crois en lui. C'est d'abord une question de confiance, comme on croit en ses parents. Bien sûr, eux, on peut les voir. Mais es-tu sûr(e) qu'ils t'aiment ? Oui, me répondras-tu sans doute. Alors, comment le sais-tu ? Parce qu'il y a beaucoup de signes qui te le font comprendre. Ils n'oublient jamais ton anniversaire, ils te disent bonjour chaque matin, ils te consolent quand tu as de la peine… Celui qui croit en Dieu a, lui aussi, perçu des signes de son amour : un magnifique paysage, un moment de joie très forte ou de prière intense, une page d'évangile, un témoin qui vit de lui…

Jusqu'au XIXe siècle, la plupart des gens croyaient que le monde ne s'était pas fait tout seul et qu'il y avait quelqu'un qui veillait sur nous. Aujourd'hui, en Europe occidentale, on pourrait repérer quatre ensembles. Ceux qui, dans ce monde en évolution rapide, persistent et signent : oui, Dieu existe. La majorité est chrétienne, mais il y a aussi des musulmans, des juifs… Certains, moins nombreux qu'avant, sont absolument sûrs que Dieu n'existe pas. On les appelle « athées », sans-Dieu. Il y a, enfin, les « agnostiques », ceux qui ne savent pas répondre à la question. Ils hésitent. Ils se divisent en deux groupes. Ceux qui cherchent, parfois avec beaucoup d'intensité et même d'angoisse. Et le groupe des indifférents. Ils ne se posent pas vraiment la question, parce qu'ils sont occupés à d'autres choses.

Nous pouvons tous être tentés par cette indifférence. En effet, même si on est croyant, il ne faut jamais cesser de chercher.

Qui a créé Dieu ?

Tout, autour de toi, a un commencement. Voilà pourquoi tu poses la question : « Qui a créé Dieu ? »

Mais Dieu est le mot que l'on emploie pour parler de celui qui explique l'existence de tout sans avoir besoin lui-même d'explication. Si tu trouvais celui qui a créé Dieu, il faudrait encore te demander qui a créé celui-là. Nous appelons Dieu cet être qui a tout créé sans avoir besoin lui-même d'être créé.

Certains cependant disent que tout est arrivé par hasard. Ils n'ont pas besoin de Dieu. D'autres, les croyants, remercient celui qu'ils appellent Dieu et qui a permis que tout existe.

Si tu crois qu'il y a un Dieu, tu vas essayer de le découvrir et d'écouter sa parole pour la mettre en pratique. Le chrétien croit que Jésus est venu sur la terre précisément pour nous faire connaître ce Dieu qui est notre Père et nous révéler sa volonté : que nous nous aimions les uns les autres. En vivant comme Jésus, tu pourras vérifier qu'il dit vrai, car cela te rendra heureux.

Où Dieu habite-t-il ?

Un jour, de savants personnages s'interrogeaient sur le lieu où Dieu habite. L'un d'entre eux dit : dans la nature, bien sûr ! Le vieux sage du groupe sourit, hochant la tête d'un signe négatif. Le juif qui était là répondit alors : dans les temples, sans aucun doute. Ce que s'empressa de corriger le musulman : dans les mosquées, évidemment. Le chrétien se sentit obligé de dire : je crois que c'est dans les églises. Mais le vieux sage n'était toujours pas d'accord. Finalement il dit : « Dieu est partout où tu le laisses entrer. »

Mais un sage peut toujours rencontrer plus sage que lui. Ainsi, notre ami croisa un jeune homme qui allait se promener dans les bois. « Que vas-tu y faire ? » demanda-t-il. « Rencontrer Dieu », répondit le jeune homme. « Mais Dieu est partout », fit évidemment remarquer le vieux sage. Et le jeune de répondre : « Oui, Dieu est partout, mais moi, je ne suis pas partout le même. C'est dans la forêt que je lui ouvre le plus facilement ma porte. »

La vie stressée de tous les jours empêche trop souvent ce rendez-vous avec nous-même et avec Dieu. La marche solitaire dans une nature calme et hospitalière est, en effet, une occasion favorable pour faire le point et rencontrer Dieu au plus profond de soi… « Rentre en toi-même, disait saint Augustin. À l'intérieur de l'homme habite la vérité. »

J'entends parler de la Trinité et je n'ai pas trouvé ce mot dans la Bible...

Rassure-toi, tu as bien cherché... Il n'y est pas ! C'est un mot abstrait pour parler de Dieu. Lorsque tu fais le signe de croix – « Au nom du Père, et du Fils, et du Saint-Esprit » –, tu dis en fait la même chose.

Qui est Dieu ? Telle est la grande question de toutes les religions. Tu connais la réponse chrétienne : Dieu est Amour. Cela veut dire qu'à la source de tout, il y a un amour qui circule entre le Père, le Fils et le Saint-Esprit. Et si Dieu nous a créés, c'est pour que nous participions à cet immense échange. Comment ? En nous aimant les uns les autres au cœur même de Dieu. Et en aimant Dieu qui est source de tout amour, lui qui nous a aimés le premier. Un poète a dit : « Quand tu aimes, ne dis pas : Dieu est dans mon cœur, mais dis : je suis dans le cœur de Dieu. » (Khalil Gibran.)

Si Jésus, le Fils de Dieu, est venu sur terre, c'est pour nous parler de son Père et nous dire qu'il est aussi le nôtre. C'est pour nous donner l'Esprit Saint, cet amour qui embrase tout. Risquons une comparaison : Le Père est la source, le Fils, le fleuve et l'Esprit, les bras de l'estuaire qui déverse l'eau dans l'océan du monde.

Un peu compliqué, diras-tu. Pose-toi alors la question : peut-on être amour en étant solitude ? Peut-on être quelqu'un tout seul ? Dieu n'est pas solitaire, il est partage, échange, dialogue depuis toujours et pour toujours. Il est Père, Fils et Esprit Saint. Et si tu veux mieux comprendre, aime à ton tour.

Pourquoi Dieu n'est-il pas une femme ?

Je te rassure tout de suite : Dieu n'est ni un homme ni une femme. Les humains sont ou bien masculins, ou bien féminins, mais pas Dieu. Seulement, il faut bien parler et comme nous croyons qu'il n'y a qu'un seul Dieu, il a fallu choisir entre le masculin et le féminin. Or, dans beaucoup de sociétés du passé, l'homme avait plus d'importance que la femme, on a donc choisi le masculin.

Quelqu'un a dit : « Dieu est un Père qui nous aime comme une mère. » J'aime beaucoup cette formule. Et si tu regardes dans la Bible, tu verras qu'il y a des passages où l'on compare Dieu à une mère : « Comme une mère console son nourrisson, ainsi je vous consolerai », dit Dieu (Isaïe 66, 12-13). Il y a aussi un très beau tableau du peintre flamand Rembrandt, qui représente la parabole de l'enfant prodigue. Si tu observes bien les mains du père qui accueille l'enfant, tu remarqueras que l'une est masculine et l'autre féminine. Toute image pour parler de Dieu est imparfaite, celle du père comme celle de la mère. Jésus a quand même pris celle du père. N'est-elle pas très parlante ?

La

Création

Comment s'est passée la création du monde ?

En sept jours ?

Personne ne sait comment s'est passée la création du monde. Qui donc aurait pu y être ? La science fait des hypothèses et essaie de trouver les causes. La Bible, elle, n'est pas un livre scientifique. Elle ne cherche pas à nous dire comment le monde a été fait, mais tout simplement qui l'a fait – Dieu –, pour qui et pour quelle raison : pour nous et pour notre bonheur. Ces pages ont été écrites pour nous donner la signification, le sens de tout ce qui existe.

Si tu regardes bien au début de la Bible, il y a d'ailleurs deux manières de raconter la création du monde, et notamment de l'homme. C'est bien la preuve qu'il ne s'agit pas d'une description scientifique. Le premier récit (Genèse 1, 1 – 2, 4a) est un poème avec sept strophes et un refrain : « Il y eut un soir et il y eut un matin. » Une autre petite phrase revient souvent : « Dieu vit que cela était bon. » Le deuxième texte (Genèse 2, 4b-25) est comme une parabole où l'on voit Dieu modeler l'homme avec la glaise du sol et insuffler dans ses narines une haleine de vie. Il y aura toujours en nous, dit la Bible, quelque chose qui est terrestre et mortel, mais aussi un souffle divin.

L'homme descend-il d'Adam ou du singe ?

Sur le grand arbre de la vie, nous sommes plutôt les cousins des singes ! Il y a eu d'abord des amibes, des organismes vivants très simples, tellement petits qu'on les regarde au microscope. Elles ont progressivement évolué et il y a eu des poissons, puis des reptiles, des oiseaux, des mammifères… Parmi eux, les primates dont descendent les singes et les « hominidés » (notre famille). Ainsi donc, la science explique, mais avec beaucoup de points d'interrogation encore, comment la vie est apparue et s'est transformée.

La Bible, elle, nous dit le sens, le pourquoi. Par la parabole d'Adam et Ève, elle nous fait voir ce que nous sommes aujourd'hui : des êtres libres, créés par Dieu pour lui ressembler, c'est-à-dire pour aimer. Au fond, chacun de nous est un peu Adam ou Ève, créé par Dieu « à son image et à sa ressemblance ».

Tu vois, l'homme de science regarde le début et le comment, le croyant cherche le cœur des choses, leur sens, leur but…

Pourquoi est-ce qu'on a été créé ?

Pourquoi a-t-on été créé ? Précisément pour la joie et pour le bonheur. Quelqu'un a dit : « La rose fleurit sans pourquoi. » Le vrai bonheur est aussi sans pourquoi. Quand on est vraiment heureux, en effet, on n'a plus besoin de se poser cette question : la joie que l'on éprouve est la réponse. Et quand le croyant est heureux, il sait à qui il peut dire merci : à Dieu.

Lorsque tu reçois un cadeau, tu comprends que celui qui te l'a fait t'aime. Et pour partager ta joie avec lui, il suffit que tu lui dises merci et il est tout heureux de t'avoir rendu heureux.

Quelle serait donc la différence entre une belle montre trouvée au pied d'un arbre et celle qui t'est offerte pour ton anniversaire ? Je suis sûr qu'à devoir choisir, tu prendrais celle qui t'a été offerte. L'autre est bien pratique, mais elle ne t'apporte pas la même joie que celle qui est le signe d'une amitié.

Nous avons été créés parce que Dieu est heureux d'aimer et qu'il voulait que nous connaissions ce bonheur. Aurait-il pu être amour sans vouloir notre bonheur ? Cela aurait été un amour égoïste, donc pas un amour vrai. Ne l'oublie jamais : la joie est la signature de Dieu dans ta vie.

Que signifie « créé à l'image et à la ressemblance de Dieu » ?

Dieu est Amour, nous dit saint Jean. Être créé à l'image et à la ressemblance de Dieu signifie donc être capable d'aimer comme lui. Et en effet, Dieu nous a donné des personnes à aimer. « Dieu créa l'homme à son image, à l'image de Dieu il le créa, *homme et femme* il les créa. » (Genèse 1, 27.) Il ne nous a donc pas faits solitaires. L'amour conduit au bonheur. Dieu lui-même est heureux d'aimer. La création de l'être humain *homme et femme*, c'est Dieu qui veut partager son bonheur avec nous. Un jour Jésus dira : « Aimez-vous les uns les autres comme je vous ai aimés. » (Jean 13, 34 ; 15, 12.) Chaque fois que nous nous aimons, dans la justice et la vérité, nous ressemblons à Dieu.

Cette expression de la Bible veut aussi dire que le Dieu créateur a confié à l'homme et à la femme de continuer la création, d'être créateurs comme lui, responsables de notre Terre. Il s'est effacé pour nous laisser toute la place. C'est la signification symbolique du septième jour où il se repose.

« Dieu créa l'homme à son image et à sa ressemblance. » Cette petite phrase est donc source d'une grande joie – nous sommes nés pour aimer –, mais aussi d'une grande responsabilité : toute la Terre nous est confiée.

Jésus

Est-ce que Jésus a été vivant ?

Jésus

Tout le monde est d'accord pour le dire – même les savants qui ne croient pas en Dieu –, Jésus le fils du charpentier a vraiment existé. On sait qu'il a vécu il y a environ 2 000 ans en Palestine, et qu'il est mort sur une croix alors que Pilate gouvernait la Palestine au nom des Romains. Les évangiles et aussi d'autres textes anciens en gardent la trace. Son existence est aussi certaine que celle de grands personnages de la même époque comme, par exemple, Jules César.

La foi chrétienne commence quand on précise : il est toujours vivant. Les Apôtres ne s'y attendaient pas lorsque, au matin de Pâques, ils ont trouvé le tombeau ouvert et vide. Jésus leur est apparu pour leur faire comprendre qu'il est toujours avec eux, même s'ils ne le voient plus. Et depuis vingt siècles, à la suite des Apôtres, des hommes et des femmes ont choisi Jésus, le prenant comme compagnon de route. Ils ont compris que la mort n'était pas la fin de tout et que la vie est déjà gagnante chaque fois qu'on rend service et que la justice triomphe.

Mais qui est donc ce Jésus ? Pour le croyant, il est l'envoyé de Dieu, son Fils. Il est venu parmi nous pour nous parler de ce Dieu créateur du ciel et de la terre. Grâce à lui, nous savons que celui qui conduit les étoiles et qui a fait apparaître la vie peut être appelé Père.

Jésus est-il vraiment né le 25 décembre ?

Eh bien, non ! Ni Matthieu ni Luc, les deux évangélistes qui nous racontent la naissance de Jésus, ne parlent du 25 décembre.

Pendant trois siècles, les chrétiens se sont contentés de fêter uniquement la résurrection de Jésus, sa véritable naissance. Il a traversé la mort et est né à la vie nouvelle. Ils célébraient ce grand passage chaque premier jour de la semaine (le dimanche) en se rassemblant et, plus solennellement, une fois par an, le premier dimanche suivant la pleine lune de printemps. Au cours du IVe siècle, le christianisme est devenu petit à petit la religion officielle. On a alors commencé à fêter Noël. Comme on ne connaissait pas la date de la naissance de Jésus, c'est le jour symbolique du 25 décembre qui a été choisi. Alors que l'hiver commence, les Romains fêtaient ce jour-là le « soleil invaincu », la lumière renaissante. À cette période, en effet, les jours, qui ne cessaient de diminuer, recommencent à croître. Or, pour les chrétiens, c'est Jésus qui est la « lumière du monde ». La date de Noël était donc toute trouvée. En 353, en Occident, le 25 décembre devenait la date « officielle » de la naissance de Jésus.

Le père de Jésus, c'est Joseph ou c'est Dieu ?

Tu pourrais poser la même question à propos de chacun de nous : notre père est-il celui des cieux, comme disait Jésus, ou celui de la terre ? Il faut évidemment répondre : les deux. Mais ils ne le sont pas de la même façon. Notre Père des cieux est celui qui a créé tous les humains et aime chacun de nous d'une manière unique. Ton père de la terre est celui qui a reçu la mission de veiller concrètement sur toi. Il en va de même pour Jésus, mais avec, évidemment, quelques différences.

Dans tout l'évangile, lorsque Jésus parle de son Père, ce n'est pas de Joseph qu'il parle, mais de celui des cieux. Petit, il voulait déjà rester plus longtemps au Temple pour être « aux affaires de son Père » (Luc 2, 49). Luc et Matthieu, en effet, nous disent que Marie a conçu Jésus avant qu'elle n'habite en couple avec Joseph. À sa question : « Comment cela se fera-t-il ? », l'ange a répondu : « L'Esprit Saint te prendra sous son ombre… » (Luc 1, 35.) Voilà pourquoi on parle de la *Vierge* Marie (Matthieu 1, 18-25 et Luc 1, 26-38).

Pour le croyant, Jésus est d'abord le Fils de Dieu et il a été confié à Joseph tandis que nous, nous sommes d'abord l'enfant de notre père de la terre et petit à petit nous découvrons notre Père des cieux.

Jésus

Comment s'est déroulée l'enfance de Jésus ?

À vrai dire, on n'en sait pas grand-chose. Jésus n'a jamais écrit ses mémoires ! L'évangile de saint Luc se contente de nous dire que l'enfant progressait en sagesse, en taille et en faveur auprès de Dieu et auprès des hommes (Luc 2, 52).

La « vie publique » de Jésus a duré un maximum de trois ans, ce qui n'est finalement pas très long. Et pourtant, en si peu de temps, tout a été dit et tout a été fait.

Que s'est-il passé durant les trente années qui précèdent la « vie publique » de Jésus ? Il a vécu une vie semblable à tous les gens de son pays. Il a reçu l'éducation juive de ses parents et a appris le métier de charpentier auprès de Joseph. Il devait être un enfant comme les autres et, plus tard, un bon travailleur.

Il y a cependant, dans l'évangile de saint Luc, un récit qui devrait nous donner la clé de lecture de ces années de la « vie cachée » de Jésus (Luc 2, 41-51). À l'âge de douze ans, Jésus a été, pour la première fois, en pèlerinage à Jérusalem avec ses parents. Au retour, il manquait à l'appel. Ses parents sont retournés à la ville et ont trouvé Jésus dans le Temple, s'entretenant avec les spécialistes de la religion. « Ne savez-vous pas que je dois être aux affaires de mon Père », a-t-il répondu à leurs reproches. Jésus a donc vécu une vie ordinaire, mais en donnant en toute chose la priorité à Dieu.

Pourquoi l'Évangile est-il appelé Bonne Nouvelle ?

En fait, ce sont des synonymes. « Évangile » est la traduction française d'un mot grec signifiant « bonne nouvelle » ! Il s'agit du message de Jésus, le prophète de Nazareth.

Il n'y a qu'un seul Évangile, mais au moins quatre manières de le proclamer : celle de Matthieu, celle de Marc, celle de Luc et celle de Jean. Chacun a écrit un petit livret appelé « évangile ». On pourrait encore ajouter autant d'évangiles qu'il y a de croyants qui, avec leurs mots, veulent témoigner que Jésus est vraiment une bonne nouvelle pour eux. Chaque chrétien peut écrire, par sa vie, un « cinquième évangile ».

Qu'y a-t-il donc de nouveau dans l'Évangile ? Que Dieu nous aime comme un Père ? Non, car il le fait depuis toujours. Ce qui est neuf, c'est que Dieu a tant aimé le monde, comme dit saint Jean, qu'il nous a envoyé son Fils unique, Jésus (Jean 3, 16). Celui-ci nous a aimés jusqu'à donner sa vie pour nous sur une croix. Et il est ressuscité ! La mort est donc vaincue. Voilà une sacrée bonne nouvelle.

Pourquoi Jésus est-il représenté différemment dans les livres ?

À cette époque-là, il n'y avait ni photographes ni caméramans. On ne sait donc pas comment était Jésus. Les empereurs pouvaient se faire sculpter des statues ou peindre leur portrait, mais Jésus était un homme simple du peuple.

N'est-ce pas mieux ainsi ? Si nous avions la description exacte de son visage, nous pourrions nous dire : je ne le rencontrerai jamais. Mais ne connaissant pas ses traits, nous pouvons le voir en tous ceux et toutes celles que nous croisons sur notre route. Jésus n'a-t-il pas dit : « J'avais faim et vous m'avez donné à manger » ? Et à ceux qui s'étonnaient de l'avoir rencontré sans s'en rendre compte, il a répondu : « Chaque fois que vous avez nourri un affamé, c'est moi que vous avez nourri. » (Matthieu 25, 40.) Certains ont appelé cette rencontre de Jésus dans notre prochain, le « sacrement du frère ». C'est vrai, on peut accueillir Jésus dans le sacrement de l'Eucharistie, mais aussi en chacun de ceux que nous essayons d'aimer, dans le pauvre que nous voulons secourir.

Est-ce que Jésus a eu une femme ?

Jésus

Non. S'il avait été marié, il aurait dû donner la préférence à son épouse et à ses enfants et leur consacrer beaucoup de temps. Or, Jésus a été envoyé par son Père pour nous montrer l'amour que Dieu a pour tous, sans aucune préférence. Ou plutôt avec une préférence pour chacun d'entre nous.

L'essentiel dans la vie est d'aimer. Souvent, on pense que l'amour c'est seulement quand notre cœur bat un peu vite. Mais il n'y a pas que cet amour-là. Bien sûr, Jésus trouve que l'amour entre un homme et une femme est une belle chose : il était présent aux noces de Cana. Mais il nous a invités aussi à aimer nos ennemis, à aimer celui qui avait faim, celui qui avait soif, celui qui était en prison… Pour être libre d'aimer ainsi, Jésus ne s'est pas marié.

Aujourd'hui encore, des hommes et des femmes font le même choix que lui. Pense à Mère Teresa ou à l'abbé Pierre. Ils sont tous les deux bien connus. Mais il y en a encore beaucoup d'autres. Et notamment les prêtres, les religieux, les religieuses, tant de laïcs célibataires disponibles et dévoués. Ils veulent être aussi, comme Jésus, le signe de l'amour de Dieu qui « préfère tout le monde » parce qu'il est Père de chacun.

Pourquoi Jésus a changé le nom de Simon en Pierre ?

Simon, dit l'évangile, a reçu le nom de Céphas, ce qui en hébreu, signifie « Pierre » ou encore « Roc ». Pour les gens du pays de Jésus, le nom est important. Il indique souvent la « vocation » de celui qui le porte, ce qu'il devra faire de sa vie.

Jésus a appelé douze Apôtres. Pour qu'ils restent unis dans la foi, il a choisi Simon comme point d'appui. Un roc est quelque chose de solide sur lequel on peut bâtir. Pierre n'est pas le patron des Apôtres, un « super apôtre ». Il est celui qui veille à l'unité du groupe, dans la foi.

Un jour, pourtant, Pierre le « Roc », reniera son maître. Bien avant cet abandon, Jésus lui avait dit : « Avant que le coq chante, tu m'auras renié trois fois. » (Matthieu 26, 34.) Il sentait bien que Pierre était fragile. Pourtant, il lui pardonnera pour qu'il puisse continuer à jouer son rôle.

Aujourd'hui, le pape a pris le relais. Il garde l'Église dans l'unité. On l'appelle « le successeur de Pierre » parce qu'il est d'abord l'évêque de la ville de Rome où, en 64, l'Apôtre Pierre a été martyrisé.

Pourquoi Jésus a-t-il choisi des Apôtres ?

Dieu ne veut rien faire sans les êtres humains. Quand tu joues aux dames, c'est toi qui bouges les pions et qui décides des coups à faire. Ces petits ronds de bois sur le damier n'ont rien à dire. Ils doivent se laisser manipuler. Dieu a toujours voulu avoir besoin des êtres humains, par amitié, parce qu'il leur fait confiance. Nous ne sommes pas des pions qu'il manipule, mais des êtres libres qui collaborent. Dès le début de la Bible, on voit Dieu qui confie à l'être humain le jardin. Dès les premiers jours, Jésus se choisit des Apôtres pour l'accompagner.

Mais il y a encore une autre explication. Qu'est-ce que Jésus est venu faire sur terre ? Saint Jean le dit : rassembler dans l'unité les enfants de Dieu dispersés (Jean 11, 52). En appelant les Apôtres, il commence à nous rassembler. Il nous offre ainsi comme une parabole vivante, un modèle de communauté. Et la première règle est que chacun soit au service des autres (Luc 22, 27). Un jour, on dira des premiers chrétiens : « Voyez comme ils s'aiment ! » La meilleure manière d'annoncer l'Évangile, c'est de donner un témoignage d'amour mutuel.

Après Pâques, au moment de retourner vers son Père, Jésus envoie ses Apôtres seuls en mission dans le monde entier. Le message de Jésus est en effet pour toute l'humanité et il a besoin de disciples pour répandre la Bonne Nouvelle. C'est à eux de poursuivre son œuvre. Seuls ? Pas tout à fait. Il leur donne l'Esprit Saint et leur promet sa présence jusqu'à la fin des temps (Matthieu 28, 20).

Pourquoi Jésus prend-il toujours avec lui Pierre, Jacques et Jean et pas les autres ?

Il y a des choses qu'on ne dit pas à tout le monde. Il y a des confidences qui ne se font qu'en cercle restreint. Certains jeux, certaines activités, tu les vis en bande de copains ; et d'autres, tu ne les vis qu'avec quelques amis plus intimes…

On pourrait aussi se demander pourquoi Jésus a choisi 12 Apôtres et non 72, qui représente le nombre des disciples. Dans l'évangile, en effet, il y a également 72 disciples en plus des 12 Apôtres.

Tu constateras qu'aujourd'hui encore certaines personnes suivent Jésus de plus près. Pourquoi ? C'est le mystère du cœur de chacun. Dieu connaît notre cœur, il sait ce qu'il peut nous demander. Quand on est choisi par lui, ce n'est pas d'abord un privilège, mais une responsabilité.

Pourquoi Jésus n'est-il pas une femme ?

Il faudrait d'abord dire que, dans la Bible, il y a beaucoup de personnages importants qui sont des femmes. Ainsi, dans le Premier Testament, il y a des « prophétesses » : Myriam, Déborah, Hulda… Dans le Nouveau Testament, il faut bien sûr parler de Marie, la maman de Jésus, mais aussi des femmes qui accompagnaient Jésus et qui furent les premiers témoins de la Résurrection. Cela est assez étonnant. En effet, dans le pays de Jésus, comme dans beaucoup de régions d'alors, le témoignage des femmes n'était pas valable au tribunal. Les sociétés étaient beaucoup plus masculines qu'aujourd'hui. À cette époque-là, tous les postes de responsabilités étaient confiés aux hommes.

C'est sans doute cette dernière remarque qui explique pourquoi Dieu, se faisant humain par son Fils Jésus, s'est fait homme et non pas femme. Pour nous parler, Dieu tient toujours compte de notre mentalité, tout en la bousculant un peu.

Comme tu le vois, c'est une époque très différente de la nôtre. Au cours du XXe siècle, les femmes ont commencé à trouver une place plus grande dans la société. Et c'est un énorme progrès. Déjà, dans les évangiles, quelques pas en avant ont été faits. Rappelle-toi la Samaritaine, Marie Madeleine, messagère de Pâques, et Marie elle-même grâce à qui Jésus a pu venir parmi nous.

Qu'est-ce qu'une parabole ?

Depuis quelques années, on voit sur les toits des maisons des paraboles pour capter les ondes télé ou radio. C'est un moyen de communication. Cet instrument doit son nom à sa forme. Mais, lorsque dans l'évangile, on parle de paraboles, il s'agit de tout autre chose, même s'il y a un point commun : Jésus s'en servait aussi pour communiquer ! Aujourd'hui encore, quand un prêtre veut intéresser les enfants, il leur raconte des histoires. Elles sont comme des paraboles du royaume de Dieu. Et les adultes écoutent tout autant que les plus jeunes !

Une parabole, c'est une histoire ou une comparaison de Jésus pour parler du royaume de Dieu ou pour interpeller ses auditeurs. Certaines sont très connues. Elles nous aident à nous situer par rapport au Royaume. La parabole du semeur, par exemple (Marc 4, 1-9). Le royaume de Dieu, disait Jésus, c'est comme une semence tombée sur le chemin, dans les cailloux, au milieu des ronces… ou bien sur la bonne terre, et alors, chacune produit du trente, du soixante, du cent pour un, c'est-à-dire trente, soixante ou cent grains pour un seul grain semé. Dans quel terrain te reconnais-tu ?

Il y a aussi la parabole du plus jeune fils (Luc 15, 11-32) parti au loin gaspiller son héritage. Il est revenu vers son père qui a fait la fête pour lui. Le fils aîné était resté sagement à la maison, mais il ne voulut pas se réjouir du retour de son frère. Auquel des deux frères ressembles-tu le plus ?

D'autres paraboles, plus simples, sont davantage des comparaisons. Le royaume de Dieu, disait encore Jésus, est comparable à une femme qui a mis du levain dans la pâte et celle-ci se met à lever (Matthieu 13, 33). Ou à un grain de blé tombé en terre (Marc 4, 26-29). Qu'on soit debout ou endormi, la semence germe et pousse.

Jésus a-t-il vraiment fait des miracles ? N'est-ce pas seulement des paraboles ?

« Il n'y a pas de fumée sans feu », dit un proverbe. Il s'est passé quelque chose au pays de Jésus, c'est sûr. Mais quoi exactement ? Ce n'est pas toujours facile à dire. Ce qui est certain, c'est que Jésus a guéri beaucoup de gens. Mais il n'est pas le seul à l'avoir fait. On trouve des guérisseurs dans toutes les cultures et religions. À l'époque, par exemple, un certain Apollonios de Tyane (vers 97 après J.-C.) était célèbre. Dans la vie des saints, il y a aussi des faits étonnants. Aujourd'hui encore, certaines personnes disent avoir été guéries miraculeusement.

Quand on veut faire comprendre quelque chose d'important, on essaie de trouver un signe peu ordinaire. Comme les guérisons de Jésus. Par elles, il nous dit : le bonheur que vous recherchez tous, il est à portée de main et c'est Dieu qui vous le donne. La souffrance et la mort n'auront pas le dernier mot. Le miracle, c'est aussi une invitation de Jésus à faire attention à sa parole, à repartir meilleur, à se convertir. Même si la science arrivait un jour à tous les expliquer, l'important est que nous ayons compris le message.

Les « miracles » sont donc un peu comme des paraboles. Pour que nous comprenions bien, les évangélistes y ont parfois ajouté des détails symboliques. Certains « miracles » sont-ils entièrement symboliques ? Ce n'est pas impossible. Les miracles ne s'adressent pas d'abord à notre intelligence, mais à notre cœur.

Est-ce vrai que Jésus n'aime pas les « riches » ?

Dans l'évangile, Jésus manifeste souvent sa préférence pour les pauvres, parce qu'ils sont les oubliés. Dieu, lui, n'oublie personne. Priorité donc à ceux qui en ont le plus besoin.

Il est vrai que Jésus a aussi dit : « Malheureux, vous les riches. » (Luc 6, 24.) Il n'a pas dit qu'ils n'entreraient pas dans le Royaume, mais qu'il leur serait difficile d'y entrer. Jésus les plaint. « Malheureux » ne signifie pas qu'il leur souhaite le malheur, mais qu'il trouve leur situation bien triste. Tu sais que les richesses matérielles ne suffisent pas à faire le bonheur. Celui qui, en regardant ses richesses, croit qu'il a tout ce qu'il lui faut ne se rend pas compte qu'il lui manque l'essentiel, c'est-à-dire l'amour de Dieu et des autres. Il se protège des autres et n'attend plus rien d'eux. Son cœur s'endurcit…

Rassure-toi, Jésus n'ira pas voir ce qu'il y a sur le compte en banque de tes parents. Il regardera ton cœur : Es-tu prisonnier(ère) de tes richesses ? Es-tu prêt(e) à partager ? As-tu encore besoin des autres et de Dieu ?

Pourquoi a-t-on tué Jésus ?

Parce qu'il dérangeait. Jésus, en effet, ne pratiquait pas la langue de bois. De plus, il était difficile de le prendre en tort : Jésus faisait du bien partout où il passait. Le seul point délicat était à propos du respect de la loi de Moïse : il avait l'air de trouver que l'amour du prochain était plus important. Parfois, il se permettait donc d'enfreindre la loi du repos le jour du sabbat. Les grands prêtres craignaient également que Jésus n'entraîne avec lui le peuple et que cela mécontente les Romains, les occupants du pays. Du moins, c'est ce qu'ils disaient. En fait, ils avaient surtout peur que Jésus ait plus d'influence qu'eux et que le peuple se détourne d'eux. Ils tenaient à leur autorité et à leur pouvoir religieux.

Lors du procès de Jésus, un peu truqué semble-t-il, les grands prêtres ont joué deux cartes différentes. Face à Caïphe, ils ont joué la carte religieuse. Ils ont expliqué que Jésus se faisait l'égal de Dieu. L'effet fut immédiat : le grand prêtre cria au blasphème, c'est-à-dire à l'insulte faite à Dieu. Face aux Romains, ils ont joué la carte politique : Jésus est un agitateur qui pourrait mener la révolution contre l'occupant. Jésus n'avait aucune volonté politique ou révolutionnaire. Il est vrai, cependant, que dans sa manière d'agir et de parler, il se faisait l'égal de Dieu. À la lumière de la Résurrection, d'ailleurs, les chrétiens proclameront leur foi : Jésus est le Fils de Dieu, l'envoyé du Père. Ils se rappelleront ces mots de Jésus : « Le Père et moi nous sommes un. » (Jean 10, 30.) Et saint Jean, au début de son évangile, s'écriera : « En Jésus, Dieu s'est fait homme. » (Jean 1, 1-14.) Saint Mathieu, lui, donnera à Jésus le nom d'Emmanuel, ce qui veut dire : « Dieu avec nous. » (Matthieu 28, 20.)

Pourquoi Jésus a-t-il choisi Judas s'il savait que Judas allait le trahir ?

Jésus

Je ne crois pas que, lorsque Jésus a choisi Judas, il savait qu'il le trahirait. C'est vrai qu'à un moment donné, Jésus l'a annoncé (Jean 13, 11). Mais ce n'est pas parce qu'il voyait l'avenir, c'est parce qu'il connaissait le cœur de Judas à force de le fréquenter et de l'aimer. Il a bien senti qu'il avait changé. Ne le devinerais-tu pas, si ton ami cherchait à te trahir ?

Ce qui est beau, dans tout cela, c'est que Jésus a quand même continué son chemin. Il pressentait comment les choses allaient tourner, mais il n'a pas reculé. Il a été jusqu'au bout de sa mission. Il était vraiment libre.

Pourquoi Jésus ne s'est-il pas défendu quand on l'a mis sur la croix ?

Parce qu'il n'aurait pu le faire que par la violence, et cela aurait été contraire à tout son message. Rappelle-toi : « Si l'on te frappe sur une joue, présente l'autre. » (Matthieu 5, 39.) Cela signifie : trouve une autre manière de résoudre ton problème que d'entrer dans la spirale de la violence. Pierre, cependant, a voulu défendre son maître : il a tiré son épée. Jésus lui a demandé de la remettre au fourreau. « Celui qui utilise l'épée périra par l'épée », lui a-t-il dit (Matthieu 26, 52).

Ce qui compte, pour Jésus, ce n'est pas de sauver sa vie, mais de la donner. Dans l'évangile de saint Jean, tu peux lire : « Ma vie, nul ne la prend, c'est moi qui la donne. » (Jean 10, 18.)

Jésus sait très bien que si l'on répond à la violence par la violence, il n'y aura jamais de monde nouveau. C'est elle qui l'emportera. Seul l'amour comme il l'a vécu peut faire naître quelque chose de neuf sur cette terre. A-t-on déjà essayé d'aimer aussi fort que lui ?

Comment Jésus nous a-t-il sauvés ?

Nous croyons en effet que Jésus est venu pour nous sauver. Mais de quoi ? Du mal et de la mort.

Il n'y a qu'une manière de lutter contre le mal, c'est de faire le bien. Partout où Jésus passait, il a semé le bien. Il nous a montré le seul chemin qui puisse nous sauver du mal : l'amour jusqu'au don de soi. À nous de continuer à sa suite à lutter contre le mal.

Jésus nous a aussi sauvés de la mort. Comment ? Par sa résurrection. Au matin de Pâques, les Apôtres ont découvert quelque chose d'inouï : une tombe vide. C'est la première fois, dans l'histoire des hommes, que cela s'est produit : un homme a échappé au pouvoir de la mort. Dieu l'a ressuscité. Par sa mort et sa résurrection, Jésus a fait une ouverture dans le mur de la mort. Nous savons maintenant que la mort n'est pas invincible.

« Tant mieux pour lui, mais nous ? », diras-tu peut-être. Jésus est venu pour nous donner la main et nous entraîner à sa suite vers son Père, par la brèche de la Résurrection.

Écoute cette parabole. Des oiseaux étaient prisonniers du filet d'un chasseur. Tous se débattaient, ne parvenant pas à s'échapper. L'un d'entre eux s'est attaqué aux mailles du filet et a réussi, mais en s'y blessant, à en déchirer une. Il s'est envolé par là et tous les autres ont suivi.

Pourquoi Jésus était-il juif et nous, chrétiens ?

Nous n'avons donc pas la même religion que Jésus, veux-tu dire. Oui et non.

Un jour, souviens-toi, Jésus est allé prier sur la montagne avec Pierre, Jacques et Jean. Ils l'ont vu transfiguré, rayonnant de lumière. Il parlait avec Moïse et Élie : Jésus était donc dans la même ligne que le Premier Testament qui est, ici, représenté par Moïse et Élie, deux des plus grands personnages de la religion juive.

Jésus était donc bien de religion juive. Mais il a voulu renouveler cette religion de l'intérieur, la purifier, inviter ses compatriotes à mieux écouter la voix des prophètes. Cependant ses appels n'ont pas été entendus de tous. Cela s'est terminé sur une croix. Au matin de Pâques, quelques femmes et les disciples ont petit à petit compris qu'il était vivant, que Dieu, par la Résurrection, lui avait donné raison. Ils sont cependant restés juifs tout en croyant en Jésus ressuscité. Mais ils ont été de plus en plus persécutés. Étienne, l'un des premiers disciples, a été lapidé, c'est-à-dire tué à coups de pierres (Actes 7, 54-60). L'Apôtre Jacques, le frère de Jean, a été supprimé par le glaive (Actes 12, 2). Vers l'an 70, tous ont été chassés des synagogues juives.

De plus, des non-juifs, des « païens », ont été séduits par le message de Jésus. Ils ont rejoint ceux qu'à Antioche, en Turquie actuelle, on a appelés pour la première fois « chrétiens », c'est-à-dire disciples du Christ. Ainsi, le christianisme et le judaïsme se sont-ils – hélas – séparés progressivement. Mais ils ont la même origine religieuse.

On dit que Jésus est notre ami, mais on ne le voit pas…

C'est vrai, Jésus est un ami surprenant. Il est celui qu'on voit le moins et qui, aux dires des croyants, est le plus présent. En effet, sa résidence préférée est le cœur de ceux qui croient en lui et qui l'aiment.

Comme tous les bons amis, Jésus est discret. Il ne s'impose jamais. Tu peux ignorer sa présence. Mais si tu l'accueilles, il sera fidèle, il te rendra heureux(se) et sera toujours là pour accueillir tes confidences, partager tes moments de joie et te soutenir dans les jours de peine.

Une amitié transforme la vie. Tant d'hommes et de femmes, au long des siècles, te le diront : « Si je n'avais pas connu le Christ, ma vie aurait été toute différente. » Et ils ajouteront : « Oui, je suis si heureux d'avoir fait cette rencontre ! » Pense à des gens comme François d'Assise, Sœur Emmanuelle, Mère Teresa pour ne citer que les plus connus. Mais il y en a tant d'autres…

Un ami aime faire des cadeaux à son ami. Quels sont les cadeaux de Jésus ? Son Évangile, dont les paroles sont parfois si fortes, et lui-même, qui se donne dans l'Eucharistie. Pas très concret, me diras-tu. Essaie quand même ! Je t'y invite. Comment un amoureux de la montagne peut-il expliquer à d'autres sa passion, sinon en leur proposant une journée d'escalade ? Comment un croyant peut-il partager son amitié pour Jésus, sinon en donnant aux autres, par sa joie, l'envie de croire ?

Comment Jésus nous a-t-il aimés ?

Ce qui me séduit chez Jésus, c'est qu'il a vécu ce qu'il a proclamé. Ainsi, il disait : « Il n'y a pas de plus grand amour que de donner sa vie pour ceux qu'on aime » et il a aimé tous les hommes jusqu'à donner sa vie pour eux sur une croix.

Trois adjectifs pourraient qualifier l'amour dont nous a tant parlé Jésus : universel, inconditionnel et gratuit.

Universel. Jésus ne faisait pas d'exception. Pour lui, en effet, nous sommes tous enfants de Dieu. Que l'on soit Samaritain (les Samaritains n'avaient pas de relation avec les juifs) ou païen (les païens étaient considérés comme impurs), homme ou femme, enfant ou adulte, chacun était aimé par Jésus.

Inconditionnel. Souvent, Jésus était à la table des pécheurs. Selon la loi juive, cela rendait impur. Pour s'approcher de Dieu, en effet, il y avait des conditions. Or « Dieu fait briller son soleil sur les bons et sur les méchants », disait-il. Dieu n'attend pas que l'on soit parfait pour nous aimer. Jésus non plus, car il voulait nous aimer comme son Père nous aime. Il ne demandait donc pas un certificat de bonne vie et mœurs avant de franchir le seuil d'une maison ! Sur la croix, il a pardonné au bandit qui se tournait vers lui.

Gratuit. Jésus n'exige rien en retour. « Que ta main gauche ignore ce que fait ta main droite », disait-il. L'ingratitude n'était pas pour lui un obstacle. N'a-t-il pas aimé jusqu'au bout alors que ceux à qui il avait fait tant de bien le rejetaient ?

Jésus reviendra-t-il sur terre ?

Les derniers mots de la Bible sont : « Viens, Seigneur Jésus ! » (Apocalypse 22, 20.) À la messe, après le récit de la dernière Cène, les chrétiens disent tous ensemble : « Nous attendons ta venue dans la gloire. » Cela fait deux mille ans bientôt que les chrétiens préparent le retour de Jésus. Beaucoup de paraboles de l'évangile nous y invitent et nous rappellent qu'il faut veiller et prier tout en travaillant. Tu peux aller relire ces belles histoires de Jésus : Matthieu 25, 1-13 et 14-30 ; Luc 12, 35-48.

Tout a une fin : notre vie, le monde. Un jour nous mourrons et, disent les savants, le soleil s'éteindra, la Terre se refroidira. Mais, pour les chrétiens, la mort et la fin de notre Terre ne sont pas un point final. Elles sont passage en Dieu. Quand tout semblera prendre fin, Jésus viendra à notre rencontre pour nous faire goûter pour toujours le bonheur de Dieu. C'est ce que l'on appelle souvent le « Ciel ». N'essaie pas de t'imaginer tout cela. C'est tellement plus beau que ce que nos yeux peuvent voir. En attendant, dit Jésus dans l'évangile, il faut « veiller et prier, car nous ne savons ni le jour ni l'heure » (Matthieu 25, 13).

Encore un petit mot. On a souvent dit que le chrétien est un autre Christ. Chaque fois donc que tu vis comme un disciple de Jésus et que tu le laisses agir en toi, ce n'est plus toi qui vis, mais le Christ qui vit en toi, disait saint Paul. C'est Jésus qui en toi revient pour les autres.

La Rés

urrection

Pourquoi Jésus est-il ressuscité ?

Cette question touche à ce qui est le cœur de la foi chrétienne. « Si Jésus n'est pas ressuscité, nous sommes les plus malheureux des hommes », disait saint Paul (1 Corinthiens 15, 14-19).

Si tu veux savoir pourquoi, c'est-à-dire dans quel but, je te répondrai : pour vaincre la mort et faire triompher la vie. Nous avons été créés pour vivre avec Dieu pour toujours et nous sommes encore prisonniers du mal et de la mort. Comme des oiseaux capturés, nous ne pouvons pas nous envoler. Mais Jésus est venu déchirer le filet qui nous emprisonne et nous voilà libres. Nous pouvons nous envoler dans le Ciel de Dieu, dès maintenant et pour toujours.

Si tu veux savoir quelle a été la cause de sa résurrection, je te répondrai : le Père a ressuscité Jésus non pas pour faire une exception pour son Fils, mais parce que celui-ci a aimé jusqu'à donner sa vie. Dieu est Amour et l'amour fait vivre.

Si tu veux savoir pourquoi lui et pas un autre, je te répondrai : il est ressuscité pour que tous les humains puissent aussi ressusciter. « Il est, dit saint Paul, le premier-né d'entre les morts. » (Colossiens 1, 18.) Dans ce monde abîmé par le mal et le péché, seul Dieu fait homme pouvait aimer à la perfection. Il y a maintenant une brèche dans le mur de la mort et, à la suite de Jésus, nous pouvons le traverser.

Pourquoi Jésus est-il ressuscité, et pas nous ?

Mais nous sommes ressuscités avec Jésus… « Par le baptême, nous avons traversé la mort avec lui, dit saint Paul. Avec lui, nous sommes vivants pour toujours. » (Romains 6, 4.) Voilà la Bonne Nouvelle chrétienne. Il faut pourtant encore mourir, mais cette mort sera notre véritable naissance.

Comment savoir si c'est vrai ? De même que c'est par la foi que tu crois que Jésus est ressuscité, car il ne t'est jamais apparu, de même, dans la foi, tu crois que la vie éternelle est déjà commencée pour celui qui a été baptisé.

Mais qu'est-ce que la vie éternelle ? C'est vivre pour toujours au cœur même du Dieu-Amour, en nous aimant les uns les autres. Le « Ciel » est la réalisation de notre désir le plus profond : être heureux d'aimer et d'être aimé.

Si tu regardes autour de toi, tu verras qu'il y a des hommes et des femmes qui vivent déjà comme des ressuscités. Ce sont les saints, ceux d'hier – saint François, saint Dominique, sainte Thérèse… –, mais aussi ceux d'aujourd'hui, tout près de toi. Ils savent aimer comme Jésus.

Pourquoi Jésus est-il ressuscité trois jours après sa mort ?

On aurait pu imaginer, par exemple, qu'il ressuscite tout de suite. Mais alors, Jésus aurait prouvé qu'il avait raison. Tout le monde aurait été obligé de croire. Or Dieu veut toujours nous laisser libres. Sa victoire est réelle, mais discrète.

Jésus est mort un vendredi. On ne pouvait pas laisser les cadavres sur la croix, car le lendemain, c'était le sabbat des juifs, un jour de repos hebdomadaire où l'on doit penser à Dieu et rester chez soi. On l'a donc mis au tombeau en vitesse. Le troisième jour de ces événements (et non après trois jours), le dimanche matin, premier jour de la nouvelle semaine, des femmes sont allées au tombeau, dès que possible, pour embaumer Jésus. Mais le tombeau était vide…

Si le tombeau était vide, ce n'est pas parce qu'on avait enlevé son cadavre, mais parce que Jésus est vivant. Mais l'évangile dit aussi que les gardes ont été payés pour se taire et laisser courir le bruit que les disciples auraient enlevé son cadavre… (Matthieu 28, 11-15.)

Quand donc Jésus est-il ressuscité ? Nous n'en savons rien. Que s'est-il passé le samedi, jour du sabbat ? Personne ne peut le dire. Mais c'est le troisième jour que les femmes ont appris la Bonne Nouvelle et l'ont rapportée aux Apôtres.

Finalement, cela veut dire quoi que Jésus est ressuscité ?

Mets-toi à la place des Apôtres. Ils avaient tout quitté pour suivre Jésus. Ils avaient écouté son message. Enfin une parole qui sonnait juste. Ils ont cru que sa voie était la bonne pour nous conduire au bonheur. Et tout se termine lamentablement, sur une croix. Voie de garage, donc. « Nous avions espéré, nous nous sommes trompés… »

Et voilà que, petit à petit, grâce au tombeau vide et aux apparitions, ils comprennent. Oui, la Bonne Nouvelle de Jésus n'était pas un rêve. Dieu lui a donné raison. La croix n'en est pas le dernier mot. Jésus a traversé la mort. Il a maintenant rejoint le Père dont il leur avait tant parlé. Il est donc bien vivant, même s'il ne l'est plus à la manière terrestre.

Dire que Jésus est ressuscité, c'est aussi croire qu'« il est avec nous tous les jours jusqu'à la fin des temps » (Matthieu 28, 20). Puisqu'il a rejoint Dieu, il est comme lui, présent partout où quelqu'un ouvre son cœur.

Croire en Jésus ressuscité, c'est donc avoir compris que tout ne se réduit pas à ce que nos yeux de chair peuvent voir, à ce que notre intelligence peut comprendre, mais que la Vie déborde de toute part. Celui que Dieu nous avait envoyé continue à marcher avec nous et nous entraîne à sa suite vers cette joie éternelle qu'il goûte déjà. La mort a livré passage. Il n'y a donc plus de quoi pleurer.

Que fête-t-on à l'Ascension et à la Pentecôte ?

Le mot Ascension (pense au mot ascenseur) vient du latin et veut dire « montée ». Il désigne la « montée de Jésus au Ciel », le quarantième jour après Pâques. L'histoire de la foi chrétienne a commencé au matin de Pâques. Les Apôtres qui avaient suivi Jésus dès le début et qui, de loin, ont assisté à sa mort, découvrent le tombeau vide. Pendant quarante jours, selon l'évangile de Luc, Jésus a fait comprendre à ses disciples, par les apparitions, qu'il est vivant pour toujours, grâce à Dieu. À l'Ascension, les apparitions prennent fin. Jésus disparaît. Ils ne le verront plus (Luc 24, 1-51). Il est désormais, disent les chrétiens, « assis à la droite de Dieu le Père ». Comme Dieu, il est présent partout, mais sans plus être visible.

Quant au mot Pentecôte, il veut dire « le jour de la cinquantaine ». Les juifs fêtent ce jour-là l'alliance conclue entre Dieu et Israël au Sinaï, à l'époque de Moïse. C'est lors de la fête de la Pentecôte que, rassemblés au Cénacle, par peur des juifs qui avaient fait condamner Jésus, les Apôtres ont reçu l'Esprit Saint (Actes 2, 1-4). Ils ont alors eu l'audace d'annoncer la résurrection de Jésus dans la ville même où il avait été mis à mort. Cette fête chrétienne clôture le temps pascal qui dure sept semaines.

Jésus est-il vraiment monté au « Ciel » ?

Bien sûr ! Cela fait partie du Credo, de la foi que l'on proclame chaque dimanche à la messe : « Il a été crucifié, il a été enseveli, il est ressuscité d'entre les morts le troisième jour, il est monté aux cieux… » Mais Jésus n'est pas pour autant un astronaute. Quand la Bible parle du « Ciel », il ne s'agit pas toujours de l'espace entre les étoiles, par-delà les nuages. Rappelle-toi : *Notre Père qui es aux cieux…* Cela ne signifie pas que l'on connaît son adresse !

Dans le texte de l'Ascension, il est écrit que Jésus est monté au Ciel et qu'il a disparu aux yeux des disciples. C'est une manière imagée de dire qu'ils ne verront plus Jésus, mais qu'il est encore vivant en Dieu, car il est « assis à sa droite ».

Le « Ciel », en effet, est le symbole de Dieu. Immensément grand, il nous enveloppe de sa présence. Comme Dieu, il est le même pour tous les hommes, partout. Jésus, le Fils de Dieu, par sa résurrection a rejoint son Père. Il est désormais, comme lui, présent partout, sans être visible à nos yeux terrestres. C'est par la foi et l'amour que nous pouvons le rencontrer.

Quand allume-t-on le nouveau cierge pascal ?

Le cierge pascal est le symbole de Jésus ressuscité dont la lumière éclaire la route des chrétiens. Au cœur de la nuit de Pâques, chaque année, on en allume un nouveau. À l'extérieur de l'église, un feu brille dans la nuit. Le prêtre le bénit puis y prend une petite flamme pour allumer le cierge pascal. Il rentre alors dans l'église toute sombre et, par cette simple flamme, brise les ténèbres. En effet, il suffit parfois d'une toute petite lumière pour trouver notre chemin au cœur de la nuit. Ainsi, le marin dans la tempête retrouve l'espoir quand il voit, à l'horizon, le phare qui balaie le ciel de sa lumière.

Les cierges de l'assemblée – d'abord quelques-uns, puis tous – sont ensuite allumés à l'unique cierge pascal. C'est la Bonne Nouvelle de Pâques qui illumine progressivement toute la communauté.

Le cierge, marqué du chiffre de l'année, restera allumé à chaque eucharistie du dimanche jusqu'au jour de la Pentecôte. Il représente en effet le Christ ressuscité présent au milieu de la communauté. À la Pentecôte, c'est l'Esprit Saint qui prend le relais dans nos cœurs. Jésus nous l'a envoyé pour nous rappeler ses paroles, nous aider à marcher à sa suite et « nous conduire vers la vérité tout entière » (Jean 16, 13).

L'a

u-delà

Qu'est-ce que la mort ?

Si tu interrogeais un médecin, il serait très ennuyé : dans le domaine médical, il est difficile de définir la mort. Est-ce l'arrêt de la ventilation pulmonaire (quand on ne respire plus) ? Ou bien lorsque le cœur ne bat plus ? Ce qui est certain, c'est que la mort est inscrite dans nos gènes, c'est-à-dire dans le programme qui est à l'intérieur de chacune de nos cellules. C'est donc un événement qui fait partie de la nature. Un peu comme il est prévu qu'en automne, les arbres perdent leurs feuilles. Pour l'être humain, la mort reste néanmoins ce qu'il craint le plus.

À propos de la mort, la foi chrétienne, ajoute la notion d'espérance. Cela n'empêche pas les larmes de couler. Jésus a pleuré devant le tombeau de son ami Lazare. Mais le chrétien croit que le dernier mot n'est pas encore dit. Jésus, qui a aussi rencontré la mort, l'a traversée. Il est ressuscité. « Il était là, au milieu d'eux », dit l'évangile de Pâques (Jean 20, 19).

Dès lors, pour le croyant, aussi douloureuse soit-elle, la mort apparaît comme une naissance, l'entrée dans une vie nouvelle, au cœur même de Dieu.

À quoi ça sert de vivre puisqu'on meurt ?

Voilà une question que les gens se posent depuis longtemps. Et depuis longtemps aussi, les humains pensent que la mort n'est pas le dernier mot, qu'il y a « quelque chose » après. Dans les plus anciennes tombes découvertes par les archéologues, on trouve déjà des traces de croyance en une vie après la mort. Sais-tu que nos ancêtres étaient enterrés en position fœtale, c'est-à-dire celle de l'enfant dans le ventre de sa mère ? Pour ces gens-là, la mort était sans doute comme une nouvelle naissance. C'est d'ailleurs une grande différence entre les hommes et les animaux. Les bêtes sauvages ou les animaux domestiques n'enterrent pas leurs cadavres. Par exemple, dans les cimetières d'éléphants, ces grands pachydermes vont simplement s'entasser pour mourir.

Certains trouvent que la vie est absurde : nous devrons tous mourir un jour, après avoir vu mourir ceux que nous aimons. Le chrétien, et il n'est pas le seul, espère qu'il y a une vie éternelle. Il en est même certain, à cause de Jésus ressuscité.

Que sera cette vie éternelle ? Un peu comme la vigne est vendangée en automne, tous nos fruits d'amour seront récoltés au cœur de Dieu et nous connaîtrons pour toujours la joie d'être aimés et d'aimer.

Est-ce que la vie après la mort existe ?

Oui, et plus belle que celle-ci, répondent les chrétiens. Mais ce n'est pas une autre vie, comme si on recommençait à zéro. Quand tu mourras, ce sera une nouvelle naissance. Lorsque tu es né(e), il y avait déjà neuf mois que tu existais. Tu te préparais à naître, et tes parents à t'accueillir. Sur cette terre, tu te prépares à ressusciter et Dieu déjà t'accueille.

Tu n'as pas choisi de naître. Mais c'est à toi de choisir la vie éternelle. Chaque fois que tu aimes, tu jettes une semence d'éternité dans le Ciel. Saint Jean le dit : « Si nous aimons nos frères, nous sommes déjà passés de la mort à la vie. » (1 Jean 3, 14.) Le Ciel, c'est donc l'amour qui continue. C'est le rêve de Dieu enfin réalisé : l'humanité devenue une grande famille dont il est le Père et Jésus le frère aîné. Nous nous retrouverons avec tous ceux que nous avons aimés et aussi avec ceux que nous n'avons pas assez aimés.

Aujourd'hui, la vie éternelle est commencée tout comme déjà, mystérieusement, le fruit est dans la fleur.

Qu'est-ce que l'âme ? Est-ce vrai qu'elle monte au Ciel ?

L'âme, ce n'est pas une chose qui se situerait quelque part dans le corps, par exemple entre deux côtes. Quand on dit que l'homme a une âme, cela veut dire que l'homme n'est pas une créature comme les autres : il n'est ni une pierre, ni une plante ou un animal, mais un être libre, capable de penser, d'aimer et, surtout, pour les croyants il est une personne qui est aimée par Dieu pour toujours.

Bien sûr, Dieu aime tout ce qu'il a fait. Toi aussi, tu aimes certaines choses qui sont dans ta chambre. Mais quand tu dis que tu aimes ton ami, cela signifie tout autre chose. Il en va de même pour Dieu : il n'aime pas les humains comme il aime le reste de la création. Il a fait des hommes et des femmes, ses fils et ses filles ; il les a créés à son image et à sa ressemblance.

Dire que l'âme monte au Ciel, c'est une image pour faire comprendre que Dieu continue à nous aimer même quand nous traversons la mort. Il accueillera ses enfants auprès de lui pour l'éternité.

Comment sera le paradis ?

Comment te décrire ce « lieu » où ni toi ni moi n'avons jamais été ? Je peux quand même t'en dire une chose, parce que l'Évangile me l'a apprise : quand Jésus parle du Royaume (il préfère ce mot-là), il parle de bonheur : « Heureux les pauvres de cœur, le Royaume des cieux est à eux. » Il y a un très beau discours de Jésus que l'on appelle les « béatitudes » (d'un mot latin qui veut dire bonheur). Tu le trouves chez saint Matthieu (5, 3-11) et chez saint Luc (6, 20-26).

Tous, nous voulons être heureux et, sur cette terre, nous n'y parvenons pas toujours. Par notre faute et par celle des autres. Jésus cependant est venu nous annoncer que, si ici-bas nous avons commencé à aimer, si nous avons fait place aux autres, Dieu nous pardonnera nos péchés et nous offrira son Royaume : il fera triompher l'amour, et donc le bonheur. Tu vois, je ne t'ai pas décrit un lieu, mais je t'ai offert une espérance, je t'ai dit la promesse de Dieu.

L'au-delà

Est-ce qu'au Ciel, on retrouve tous ceux de la famille qui sont morts ?

Les chrétiens répondent « oui », sans hésiter. C'est précisément cela le Ciel : se retrouver au cœur même de Dieu qui est communauté parfaite.

Mais il y a une condition : aimer. Cela n'aurait pas de sens de se retrouver si l'on n'a pas envie de s'aimer. Dieu posera une question à l'entrée du Ciel : « As-tu aimé, même les pauvres, les petits, les exclus ? » Si tu réponds oui, il te dira : « Entre dans la joie éternelle ! » Et si tu réponds non ? Je crois que personne ne pourra répondre : Non, je n'ai jamais aimé. Mais si nous voulons être honnêtes, nous répondrons : Je n'ai pas assez aimé… Et Dieu nous pardonnera nos manques d'amour et nous invitera à aimer pour toujours.

Au Ciel, nous retrouverons tous ceux que nous avons aimés, mais aussi ceux que nous n'avons pas assez aimés. Et même, grâce au pardon de Dieu, ceux que nous n'avons pas du tout aimés. Dieu nous apprendra à les aimer, il nous donnera la force de leur pardonner et d'accueillir leur pardon. Le Ciel est le royaume de la réconciliation, la victoire de l'amour au cœur même de Dieu.

Pourquoi le tombeau de Jésus était-il vide, et pas le nôtre ?

Si le tombeau était vide ce matin-là, c'est pour que nous puissions comprendre la victoire que Jésus a remportée sur la croix, grâce à l'amour. Et par les apparitions, les Apôtres ont compris que le corps n'avait pas été volé. Le tombeau vide et les apparitions sont un signe que Dieu nous fait. Sans cela, comment les Apôtres auraient-ils pu annoncer la Bonne Nouvelle de Pâques ?

Nous aussi, nous sommes appelés à ressusciter comme Jésus, c'est-à-dire à connaître une vie transformée auprès de Dieu, dans son Royaume. Ressusciter, en effet, ne veut pas dire revenir sur terre, mais vivre pour toujours au cœur de Dieu. Tant que nous sommes encore sur la terre, il est impossible d'imaginer cela. Ici-bas, tu vois le corps comme un grain de blé déposé dans la terre. Au Ciel, tu te réjouiras de la moisson. Tu en as cependant une idée lorsque tu connais la joie d'aimer, car alors tu es déjà dans le cœur de Dieu. Au Ciel, il n'y aura plus que l'amour.

Le corps du défunt reste-t-il dans le cercueil ?

Oui. Et il deviendra poussière. Mais ta question est sans doute : Comment ressuscite-t-on ? Là, je te répondrai que je n'en sais rien. Pour le chrétien, la mort est comme une nouvelle naissance. Une première fois, tu es né(e). Tu as quitté le ventre de ta mère et tu as découvert le monde des humains. Une seconde fois, tu naîtras. Tu quitteras alors notre terre et tu découvriras le Royaume de Dieu.

Comment cela se fera-t-il ? Avant de naître sur cette terre, je ne savais rien de la manière dont cela se passerait, de ce que je découvrirais. De même, je ne sais pas comment se passera cette naissance à la vie éternelle et je ne peux pas décrire ce que je découvrirai.

Quand tu es né(e), la première chose que tu as faite, c'est crier. Une naissance, c'est douloureux. Puis, tu as découvert le monde dans lequel tu es aujourd'hui et j'espère que tu y es heureux(se). La mort, elle aussi, est douloureuse. Et le monde que nous découvrirons alors nous rendra heureux du bonheur même de Dieu.

À propos de la vie éternelle, les chrétiens ne peuvent pas dire grand-chose. Mais ils sont sûrs d'une chose : il faut préparer cette seconde naissance par toute notre vie présente. Tu vois la différence entre les deux naissances ? Pour la première, c'est ta maman qui a tout préparé. Pour la seconde, c'est toi, car le Ciel se prépare sur terre, avec nos bras.

Ceux qui ne sont pas chrétiens auront-ils la vie éternelle ?

Dieu invite tout le monde à la vie éternelle. Sinon, pourquoi nous aurait-il créés ? Mais, comme le raconte une parabole de Jésus (Matthieu 22, 1-13), il faut un vêtement de noce pour le banquet du Royaume. Ce vêtement, c'est tout simplement l'amour. Jésus le dit clairement : Celui qui aura donné un verre d'eau à son frère qui avait soif entrera dans la joie du Royaume (Matthieu 25, 31-46). « Il suffit d'aimer », disait sainte Bernadette de Lourdes.

Peut-être, alors, me poseras-tu une autre question : Pourquoi donc être chrétien ? Et je te répondrai : « Es-tu heureux(se) de l'être ? Connaître Dieu et Jésus, son envoyé, est-ce important pour toi ? » Si tu réponds oui, tu as trouvé la réponse à ta question : pour goûter cette joie le plus tôt possible. Ne t'est-il jamais arrivé de rencontrer un nouvel ami et d'en être tout(e) joyeux(se) ? Ce jour-là, tu t'es peut-être dit : « Ah ! Si je l'avais connu plus tôt ! »

Pourquoi être chrétien ? Pour avoir la joie de connaître Dieu plus tôt. Et, grâce à l'Évangile de Jésus, pour mieux préparer notre vêtement de noce.

Le paradis, l'enfer, est-ce que ça existe ?

Qu'il y ait un paradis, pour le croyant, c'est certain. Saint Paul le dit clairement : si nous avons mis notre confiance en Jésus rien que pour cette vie, nous sommes bien malheureux (1 Corinthiens 15, 19). La vie ne prend pas fin avec la mort, mais elle continue au cœur même de Dieu. C'est cela le paradis que l'on appelle aussi Ciel ou Royaume. Jésus est ressuscité pour nous y faire entrer. Si nous croyons en lui, nous connaîtrons avec lui la joie de la vie éternelle. Dieu, en effet, nous a créés pour le bonheur. Jésus a commencé son premier sermon en disant : « Bienheureux les pauvres en esprit, le Royaume des cieux est à eux. […] Bienheureux ceux qui pleurent, ils seront consolés. » (Matthieu 5, 3 – 7, 27.)

Et l'enfer ? Personne n'est obligé de dire oui à l'invitation de Dieu. Vouloir aller auprès de lui, c'est choisir dès aujourd'hui l'amour. Dieu, en effet, est amour. Si tu ne veux pas aimer, Dieu ne te forcera pas. C'est cela l'enfer. Et il commence dès que tu refuses d'aimer. Tu vois, ce n'est pas une punition, mais une conséquence de ton choix. On ne peut obliger personne à être heureux.

Y aura-t-il quelqu'un au paradis ? « Je vis une foule immense », répond saint Jean dans le dernier livre de la Bible (Apocalypse 7, 9). Mais en enfer, je ne sais pas. Au brigand qui a été crucifié avec lui, Jésus a dit : « Aujourd'hui même, tu seras avec moi dans le Paradis. » (Luc 23, 43.) J'espère donc qu'il n'y aura personne en enfer !

Qu'est-ce que l'enfer ?

Y a-t-il des gens qui s'y trouvent ?

Soyons bien d'accord. Il ne s'agit ni de flammes ni de feu. C'est une image pour nous en parler et qui a servi également à faire peur : Attention, n'y va pas ! Mais l'enfer n'est pas vraiment une punition. Dieu, en effet, ne force personne à entrer dans son Royaume. Il ne chasse personne non plus, mais il accepte que nous restions loin de lui. Il est tout-puissant, oui, mais c'est une puissance d'amour. On ne peut pas forcer quand on aime.

Tant que nous sommes sur cette terre, nous ne pouvons pas savoir s'il y a des gens en enfer. Mais y aurait-il quelqu'un, Dieu serait le plus malheureux. N'as-tu jamais entendu parler d'un jeune qui aurait rejeté ses parents ? Peut-être ne sait-il pas qu'il perd beaucoup en se privant de leur amour. Mais ses parents, eux, ne l'oublient pas. Il est écrit dans le livre d'Isaïe : « Même si une femme oubliait son enfant, moi, je ne t'oublierai jamais. » (Isaïe 49, 15.) C'est donc Dieu qui souffrirait le plus de l'enfer. Il n'arriverait pas à oublier ses enfants qui le refusent.

Pourquoi y a-t-il l'enfer si Jésus pardonne toujours ?

C'est vrai, Jésus pardonne toujours. Mais cela ne suffit pas. Il faut aussi que nous accueillions son pardon.

Dans l'évangile de saint Luc, il y a trois belles paraboles sur le pardon. Sans doute les connais-tu : la brebis perdue, la drachme perdue et l'enfant perdu (Luc 15). Chacune dit que Dieu est toujours prêt à pardonner. Mais imagine que la brebis perdue se cache et, qu'à l'approche du berger, elle s'enfuie chaque fois. Ou que la pièce ait roulé dans un endroit impossible et que la femme, l'ayant trouvée, n'arrive pas à la reprendre. Et si « l'enfant prodigue » était resté auprès de ses porcs, se contentant de leur nourriture, au lieu de revenir vers son père pour lui dire : « J'ai péché contre le Ciel et contre toi » ?

Comprends-tu ? Jésus est prêt à pardonner, mais si tu ne reviens pas vers lui et ne veux pas de son pardon, que peut-il faire de plus ?

J'espère cependant que, finalement, la brebis apercevant le maître, sera touchée et reviendra. Et qu'il n'y a pas d'endroit au monde où l'on puisse demeurer inaccessible. Et que le cœur de l'homme n'oubliera jamais tout à fait le Père qui attend au bout du chemin…

Hitler et Dutroux : Dieu les accueillera-t-il au paradis ?

Oui, Dieu pardonne à tout le monde. Imagine un peu que ce ne soit pas le cas. Où serait la limite entre ce qu'il pardonne et ce qu'il ne pardonne pas ? Le pardon de Dieu deviendrait un commerce : « Ce n'est pas si grave, ce que j'ai fait ; tu peux me pardonner… » Chacun trouverait des excuses et, s'il n'était pas pardonné, il dirait : « Ce n'est pas juste, il a pardonné à un tel et pas à moi… » Imaginerais-tu tes parents te dire : « Je te pardonne jusque-là, mais pas plus ? »

Ou bien le pardon existe, ou il n'existe pas. Ou bien Dieu pardonne, ou il ne pardonne pas. Mais quand on pardonne, on ne mesure pas son pardon.

Cela dit, encore faut-il que l'on accueille le pardon de Dieu. Hitler et Dutroux l'accepteront-ils ? Impossible de répondre : c'est le secret de leur liberté. Mais s'ils le refusent, c'est Dieu qui en souffrira le plus. Il sera blessé dans son amour, car il aime tous les hommes, sans exception. Tous sont ses enfants.

Allons-nous avoir plusieurs vies ?

Voilà une question qui n'aura pas de réponse scientifique ! Ce qu'il y a après la mort, c'est une question de croyance. Certains disent qu'il n'y a rien ou qu'ils ne savent pas, d'autres que l'on se réincarnera (comme les bouddhistes, les hindous, mais aussi certains Occidentaux). La foi chrétienne, elle, proclame que, grâce à Jésus ressuscité, la mort a été vaincue une fois pour toutes.

Selon les chrétiens, au-delà de la mort, nous récolterons, grâce à Dieu, tout l'amour que nous avons semé ici-bas. La mort ne casse pas nos relations, elle les transforme. Quand quelqu'un meurt, on peut donc lui dire adieu (ou « à Dieu »), ce qui signifie : nous te confions à Dieu ; en lui nous nous retrouverons. Si ceux que nous aimons sont, dans une autre vie, devenus quelqu'un d'autre, que restera-t-il de nos amitiés ?

Certains disent qu'à la fin d'une vie, on est loin de la perfection. Il en faudrait donc plusieurs pour y arriver. Personnellement, je crois que nous n'arriverons jamais à la perfection. Seul le pardon de Dieu nous permettra de réussir enfin notre vie. Les bouddhistes ou les hindous, par contre, croient que tous nos actes mauvais doivent être payés dans les vies suivantes et que le pardon divin n'existe pas. La réincarnation est donc pour eux quelque chose de négatif, une punition. Pour ceux qui croient en un Dieu Père, tel que l'a révélé Jésus, croire en la réincarnation serait une contradiction.

La vie

en Église

Qu'est-ce que l'Église ?

Comme tu le sais, on peut écrire ce mot-là avec une minuscule ou avec une majuscule. Avec une minuscule, lorsqu'il s'agit du lieu où les chrétiens se rassemblent, avec une majuscule pour désigner la communauté qui s'y rassemble.

Il y a donc une église de pierre et une Église de chair. Cette Église de chair, on n'en voit qu'une petite partie, celle qui est réunie, pour l'instant, en un lieu précis. Mais elle est en fait une immense communauté (hélas encore divisée aujourd'hui). Elle parcourt les siècles depuis deux mille ans et est répartie en d'innombrables petites communautés disséminées sur tous les continents, animées par un unique Esprit, celui de Jésus.

Il y a des statistiques, des dates historiques, des personnages célèbres… mais l'essentiel, comme souvent, est invisible pour les yeux. C'est un peuple animé par la foi en un même Père qui nous a envoyé Jésus et qui nous donne son Esprit. En font partie tous les baptisés, ceux qui sont vivants aujourd'hui et ceux qui sont déjà décédés, les saints du calendrier, les saints anonymes, mais aussi les croyants plus ou moins fidèles et les plus grands pécheurs à qui le pardon de Dieu est toujours offert. Immense caravane en route vers le Royaume de Dieu.

Tout a commencé à la Pentecôte, lorsque les Apôtres apeurés ont enfin ouvert les portes pour annoncer que Jésus était ressuscité. Aussitôt, des hommes et des femmes ont changé leur cœur et ont formé la première communauté où tout était mis en commun. « Ils n'avaient qu'un seul cœur », écrit saint Luc dans les Actes des Apôtres (2, 46). « Voyez comme ils s'aiment ! » disait-on d'eux. Un idéal dont chaque chrétien est responsable à chaque génération.

Qu'est-ce qu'un prêtre ?

Dans toutes les religions, le rôle du prêtre, c'est de faire le pont entre Dieu et les hommes. Ce sont eux qui connaissent les bonnes formules pour s'adresser à la divinité et qui peuvent offrir les sacrifices prescrits. Dans le Premier Testament, le grand prêtre était le seul à pouvoir pénétrer dans le « Saint des Saints », le cœur sacré du temple de Jérusalem.

Le prêtre catholique, lui, n'est pas un intermédiaire entre les croyants et Dieu. Au baptême, en effet, chacun a reçu une onction d'huile et celui qui baptisait a dit : « Te voilà membre de Jésus, prêtre, prophète et roi. » Saint Pierre, dans sa première lettre aux chrétiens, parlait du peuple chrétien comme d'un peuple de prêtres. Nous sommes donc tous prêtres, c'est-à-dire que nous pouvons parler directement à Dieu sans devoir passer par des prêtres.

Pourtant, me diras-tu, il y a encore des prêtres chez les chrétiens. Oui, mais c'est un petit problème de traduction ! En grec, il y a deux mots que l'on a traduits en français par « prêtre ». Le premier (*hiereus*) signifie ce que je t'ai expliqué plus haut. Le second (*presbuteros*) signifie « l'ancien », celui qui est témoin de la tradition. C'est cette signification-là qui convient au prêtre chrétien. Son rôle est de nous transmettre la tradition qui vient de Jésus (l'Évangile), de veiller à l'unité de la communauté qui lui est confiée (c'est pour cela que c'est lui qui « préside » l'Eucharistie), de faire le lien avec l'évêque et les autres communautés chrétiennes. Il est un peu l'animateur de la communauté chrétienne, celui qui lui donne une âme. Il tient la place du Christ au milieu de ses frères. Il ne doit pas tout faire lui-même, mais c'est lui qui veille à ce que tout soit fait.

Quel genre de signes reçoit quelqu'un quand Dieu l'appelle à devenir prêtre (ou sœur) ?

Plus de jeunes qu'on ne le croit entendent l'appel de Dieu, mais ils ont besoin qu'un adulte les aide à comprendre ces signes. Rappelle-toi l'histoire de Samuel. Il travaillait dans le temple de Dieu, au service du prêtre Éli (comme toi, peut-être, tu sers la messe) et une nuit, il a entendu l'appel de Dieu. Il a d'abord cru que le prêtre l'appelait et il s'est présenté trois fois de suite. « Puisque ce n'est pas moi, c'est sans doute Dieu, lui a alors dit Éli. Quand tu entendras encore l'appel, réponds : Parle, Seigneur, ton serviteur écoute ! » (1 Samuel 3, 9.)

Lorsque Dieu appelle, il fait signe au plus profond de nous-mêmes. Dans la prière, au secret du cœur, je sens une attirance pour Jésus et, à la lecture de l'évangile, j'éprouve une joie intérieure. En moi, naît alors le désir de tout donner à Dieu.

Il y a aussi des signes autour de nous : la rencontre de quelqu'un qui a suivi ce chemin et à qui j'ai envie de ressembler ; la découverte d'une communauté de frères ou de sœurs qui ont l'air si heureux. Ou parfois, en regardant sa paroisse, on se dit : n'ont-ils pas besoin de moi ?

Pourquoi un prêtre ne peut-il pas avoir une femme ?

Pendant les dix premiers siècles de l'histoire de l'Église, il n'en fut pas ainsi. Des gens, mariés ou non, étaient ordonnés. Une fois devenus prêtres, ils ne pouvaient plus changer d'état. Petit à petit, en Occident, on s'est rendu compte que le peuple chrétien préférait les prêtres non mariés et le célibat est devenu une règle. Les prêtres célibataires sont en effet davantage disponibles pour la communauté chrétienne dont ils ont reçu la charge.

Aujourd'hui, certains remettent en question cette habitude. Les communautés chrétiennes sont en effet de taille plus réduite. Les baptisés prennent davantage en charge la vie paroissiale. Ne pourrait-on pas imaginer que l'on choisisse pour présider l'Eucharistie un homme d'expérience ? Il aurait déjà mené à bien sa vie familiale et professionnelle. Il pourrait maintenant consacrer davantage de temps à la communauté chrétienne. L'évêque lui imposerait les mains pour qu'il devienne prêtre. Le prêtre est en effet le collaborateur de l'évêque.

Même si, un jour, on adoptait cette solution, le célibat aura toujours un sens pour les chrétiens. Certains, des hommes et des femmes, que l'on appelle religieux ou religieuses, se sont sentis appelés à ne pas se marier. Ils sont ainsi témoins de Dieu qui peut remplir le cœur d'un être humain. Ils manifestent que le but de la vie est d'être frère ou sœur de tous. Ceux qui ont choisi le célibat pour le Royaume de Dieu ont, en effet, voué leur cœur à Dieu et veulent ouvrir les bras à tous, sans les refermer sur une personne en particulier. Un rappel pour tous les chrétiens que Dieu rend l'homme heureux et qu'il ne peut jamais y avoir d'exclus.

C'est quoi l'écharpe que le prêtre porte autour du cou ?

Cette écharpe porte un nom : c'est une étole. Le prêtre et l'évêque la mettent par-dessus leur aube blanche qui rappelle la robe de baptême de tous les chrétiens. Le diacre porte aussi une étole, mais uniquement sur l'épaule gauche. L'évêque, lui, se distingue lors des liturgies solennelles par la mitre et la crosse.

Mais revenons-en à l'étole. On peut y voir le symbole des bras de Dieu qui enveloppe le prêtre (ou l'évêque) tandis qu'il rassemble la communauté chrétienne au nom de Jésus et refait ses gestes. Imagine ton père se tenant derrière toi et t'enveloppant de ses bras.

Cette étole change de couleur selon la période liturgique. Les couleurs traduisent l'atmosphère que l'on veut donner à la fête. Tu sais bien qu'elles n'ont pas toutes le même effet. Lorsque tu t'habilles le matin, tu y fais attention. La couleur la plus joyeuse est le blanc que l'on réserve pour les grandes fêtes comme Noël, Pâques, la Toussaint, le 15 août et pour les saints (ainsi que les sacrements de baptême et de mariage). Le vert est plus habituel. « Vert, j'espère », dit-on parfois. Le prêtre met une étole de cette couleur les « dimanches ordinaires ». Le rouge est une couleur de sang et de feu : les martyrs qui ont donné leur vie pour la foi ou le feu de l'Esprit Saint à la Pentecôte. Quant au violet, plus triste, il est réservé aux funérailles et aux temps de réflexion où l'on prend conscience de ce qui devrait changer en nous : l'Avent et le Carême (mais aussi le sacrement de réconciliation).

Qui est-ce qui commande dans l'Église ?

Le mot commander n'est peut-être pas le meilleur ! Les chrétiens, parce qu'ils sont tous enfants de Dieu et amis de Jésus, veulent être frères et sœurs par-delà les frontières des pays et des races. L'Église n'est donc pas une pyramide, avec un sommet et une base. Elle ressemble plus à un cercle où tous sont en *communion*, mot que le concile Vatican II (1962-1965) a souvent utilisé. Le concile est un rassemblement de tous les évêques du monde entier.

Jésus disait aux Apôtres : « Les rois dominent leurs peuples. Pour vous, rien de tel. Que celui qui commande prenne la place du serviteur. » (Luc 22, 25-26.) Et il a montré lui-même l'exemple : alors que ses disciples l'appelaient « maître », il leur a lavé les pieds, comme un esclave.

Il serait donc plus juste de dire que, dans la communauté chrétienne, il y a des pasteurs, c'est-à-dire des croyants chargés de veiller sur leurs frères et sœurs et d'être au service de l'unité entre tous. Ce sont les *évêques*, successeurs des Apôtres, aidés par les *prêtres* et les *diacres*. Ils ont été « ordonnés » (on parle du sacrement de l'ordre), c'est-à-dire qu'ils ont reçu l'imposition des mains en signe de l'Esprit Saint qui leur est donné pour remplir leur mission. Ce geste remonte aux Apôtres. Il symbolise une chaîne ininterrompue qui relie la communauté à Jésus. Parmi les évêques, celui de Rome, successeur de Pierre, veille sur l'Église tout entière. C'est le pape. Il est élu par les cardinaux réunis en conclave, en général à la mort du pape précédent.

Si tous les chrétiens sont frères, serait-ce alors Dieu qui commande, ou Jésus ? Il me semble plus juste de dire que l'Église essaie d'être une communauté où, chacun à sa place, se laisse inspirer par l'Esprit Saint.

Les sacrements, c'est quoi ?

Les sacrements sont au nombre de sept : le baptême, la confirmation, l'eucharistie, la réconciliation, l'onction des malades, le mariage et l'ordre. Ce sont des « gestes sacrés », des rites importants de l'Église.

Quand tu as un ami, tu penses souvent à lui. Tu l'as dans le cœur et dans la tête. Mais tu as aussi pour lui des gestes, des petites attentions… Quand tu lui offres un cadeau, c'est comme si l'amitié était plus visible. Et quand ton ami est dans la peine, tu le serres dans tes bras. N'es-tu pas content(e), toi aussi, quand il te prend par l'épaule, quand il te donne une tape dans le dos ou te fait un bisou amical ? Les mots parlent à notre intelligence, les gestes et les symboles parlent au corps et au cœur : ils expriment ce que les paroles ne peuvent pas traduire.

Dans la religion, il en va de même. Être croyant, ce n'est pas seulement admettre une série d'affirmations abstraites : Dieu existe, Jésus est ressuscité… C'est accueillir le don de Dieu. Les sacrements nous permettent de le faire de manière bien concrète. Ils nous rappellent ce que Jésus a fait et continue de faire pour nous. Il ne s'est pas non plus contenté de belles paroles, mais il a agi. Quand un aveugle a accouru vers lui, il a étendu les mains et l'a touché pour le guérir. Quand il a eu pitié des grandes foules qui l'écoutaient, il a multiplié les pains et tous ont pu manger. Dans les sacrements, on retrouve aussi ces gestes (l'imposition des mains) et ces symboles (l'eau, l'huile, le pain, le vin). Ainsi, aujourd'hui encore, nous pouvons recevoir la vie de Dieu.

Pourquoi baptise-t-on les enfants ?

La réponse est toute simple : pour les accueillir dans la famille chrétienne. On dit souvent que, par le baptême, ils deviennent enfants de Dieu. Bien sûr, cela ne signifie pas que Dieu attend ce jour-là pour aimer ce petit bout. Il serait peut-être plus juste de dire que les parents présentent leur enfant à l'Église et que, avec elle, ils reconnaissent en ce nouveau-né un enfant de Dieu.

Lors du baptême, les parents, parrain et marraine renoncent, au nom de l'enfant, à tout ce qui abîme le monde et blesse Dieu (et que l'on appelle péché) ; ils proclament leur foi en Dieu le Père, en son Fils Jésus ressuscité et en l'Esprit Saint. Le prêtre verse ensuite de l'eau sur le front de l'enfant (ou, dans certaines paroisses, le plonge dans l'eau). C'est un peu comme si, avec Jésus, il était plongé dans la mort (*baptême* signifie *immersion*) et ressortait vivant du tombeau pour renaître avec lui. Avec Jésus, le chrétien a déjà traversé la mort. Il n'a plus peur d'aimer jusqu'au bout, comme lui.

Juste après le rite de l'eau, l'enfant reçoit sur le front l'huile appelée Saint Chrême qui, dans la Bible, consacre les prêtres, les prophètes et les rois. Ensuite, il est revêtu d'un vêtement blanc, un habit de fête aux couleurs de la joie éternelle. Les parrains et marraines se voient alors confier un cierge allumé au cierge pascal : la lumière de Jésus illuminera le nouveau baptisé tout au long de sa vie.

Sais-tu que, pendant les premiers siècles de l'Église, ce sont des adultes qui demandaient le baptême ? Aujourd'hui, de plus en plus, de grands enfants ou des adultes ayant découvert la beauté de la foi demandent personnellement d'entrer dans la communauté des chrétiens.

Pourquoi Jésus a-t-il été baptisé quand il était adulte ?

Par ton baptême, tu es devenu(e) chrétien(ne). Jésus, lui, comme tout garçon juif, le huitième jour après sa naissance, a été circoncis. Ce jour-là, il a reçu le nom de Jésus. (La circoncision, c'est l'acte qui consiste à enlever un petit bout de chair au bout du sexe masculin.)

À cette époque, Jean, le cousin de Jésus, de six mois son aîné, fut choisi par Dieu comme prophète. Il invitait les croyants à préparer les chemins du Seigneur. À ceux qui écoutaient sa parole, il proposait un baptême pour demander le pardon de leurs péchés et dire qu'ils voulaient changer de vie. C'était un geste personnel, un peu comme aujourd'hui certains font une retraite. Jésus, qui voulait être solidaire de son peuple, a aussi reçu ce baptême des mains de son cousin.

Jean disait : « Moi, je vous baptise dans l'eau, mais lui vous baptisera dans l'Esprit. » C'est de Jésus qu'il parlait. Jésus, en effet, enverra ses disciples baptiser toutes les nations.

C'est le baptême de Jésus qui t'a été donné. Tu as été plongé(e) dans sa mort et tu es ressuscité(e) avec lui. Tu as déjà reçu l'Esprit et tu l'accueilleras encore plus pleinement à ta confirmation.

Pourquoi les petits enfants ne peuvent-ils pas avoir d'hostie ?

Si tu étais né(e) orthodoxe (les chrétiens de Russie, de Grèce…), tu aurais reçu, le jour de ton baptême, la confirmation (le sacrement de l'Esprit Saint) et la communion. Les catholiques, dont tu fais sans doute partie, ont fait un autre choix. Depuis longtemps, en effet, on baptise les enfants en bas âge. C'est le rôle des parents et de la communauté chrétienne de les « initier » progressivement à ce qu'ils ont reçu lorsqu'ils étaient incapables de comprendre.

Pour cela, il y a des étapes. C'est souvent à l'âge d'environ huit ans que l'enfant peut communier pour la première fois. Après, vers douze ans, il pourra « professer » sa foi, c'est-à-dire la proclamer devant toute la communauté. Parfois aussitôt après, vient le dernier sacrement qui fait de lui un « chrétien complet » : la confirmation. Mais on a de plus en plus tendance à reculer cette dernière étape jusqu'à la fin des études secondaires, après les remises en question de l'adolescence.

Tu vois, si l'enfant ne peut pas recevoir la communion, ce n'est pas parce que c'est mauvais pour lui ! C'est pour respecter son rythme. N'est-il pas mieux de savoir ce que l'on fait ?

Confirmation, profession de foi : quelle différence ?

Tu me fais faire une leçon de vocabulaire ! Essayons…

À l'âge d'environ huit ans, un enfant fait sa « première communion » (ou « communion privée » ou encore « petite communion »). Vers l'âge de onze ou douze ans, il franchit une étape dans sa personnalité et donc dans sa foi. C'est à ce moment-là que les chrétiens célèbrent la « profession de foi » (appelée parfois la « communion solennelle » ou la « grande communion »). Il communie plus solennellement au pain et au vin, corps et sang de Jésus. Il manifeste ainsi qu'il est et veut être en communion avec Dieu et avec les croyants. À cette occasion, il fait sa « profession de foi ». Il est invité à dire devant tout le monde (c'est-à-dire à « professer ») où il en est dans sa relation avec Dieu. Petit à petit, en effet, il devient adulte et responsable.

Quand tu étais dans ton berceau, tu n'étais pas libre. Tes parents devaient prendre toutes les décisions à ta place, même celle de manger et de te laver ! Petit à petit, c'est toi qui prends ta vie en main. Elle sera ce que tu en feras.

Parmi toutes les décisions que tes parents ont prises pour toi, il y a sans doute le baptême. Ils ont toujours voulu te donner ce qu'il y avait, selon eux, de meilleur. Le jour de ta profession de foi sera, si tu le veux, le moment de dire : Je crois que vous avez bien fait. Je suis d'accord avec votre choix. Je continue dans cette direction. La profession de foi est donc l'une des premières décisions importantes que tu prendras toi-même.

Quant à la confirmation, qui se reçoit entre onze et dix-huit ans selon les paroisses, il s'agit de l'un des sept « sacrements », c'est-à-dire un signe que Dieu adresse au croyant. Il fait partie des trois plus importants pour devenir chrétien : baptême, eucharistie et confirmation. Si tu veux en savoir plus sur ces sacrements, va vite lire les pages 111, 113 et 115.

C'est quoi, la confession, et comment cela se passe-t-il ?

Le jour de ton baptême, tes parents t'ont proposé le chemin de Jésus. Ils l'ont dit clairement : « Nous renonçons au mal. » Ou peut-être est-ce toi-même qui l'as dit. Petit à petit, tu as essayé de marcher sur ce chemin, sans toujours y parvenir. Parfois, tu es tombé dans les ornières du péché. Tu n'as pas toujours vécu selon l'Évangile de Jésus. Mais tu peux te « convertir », comme l'enfant qui, dans la parabole de l'évangile, revient vers son Père (Luc 15, 11-32).

Le sacrement de réconciliation (on préfère l'appeler comme cela aujourd'hui) est chaque fois comme un nouveau baptême. Le premier t'a fait entrer dans la communauté de ceux qui croient en Dieu et veulent vivre comme il nous l'a demandé. Par le second, tu te réconcilies avec Dieu qui t'aime comme un Père en rejoignant la communauté dont tu t'étais éloigné(e).

Au cours d'une « célébration pénitentielle », après avoir examiné ton cœur à la lumière de la Parole de Dieu, tu peux aller trouver le prêtre pour reconnaître ton péché et recevoir l'*absolution* : le prêtre tourne vers toi la paume de ses mains (parfois, il les pose sur la tête) et, en faisant une croix de sa main droite, te dit : « Au nom du Père, et du Fils, et du Saint-Esprit, je te pardonne tous tes péchés. » Le prêtre est choisi par Dieu pour être le berger de la communauté. En recevant par lui le pardon, tu es de nouveau en paix avec Dieu, avec tes frères et avec toi-même.

Pourquoi y a-t-il deux mariages ?

On ne peut pas dire vraiment qu'il y ait deux mariages, l'un civil et l'autre religieux ! C'est un seul et même engagement dans l'amour pour toujours. À la mairie, cet engagement est pris devant la loi et devant ceux qui la représentent. L'amour entre un homme et une femme n'est pas seulement affaire de vie privée. C'est une nouvelle manière de s'engager dans la société. Et la société s'engage aussi : qui, en effet, va prendre en charge les enfants qui naîtront et organiser pour eux des écoles ? Et si, un jour, les parents devaient divorcer, qui veillera à ce que cela se passe le mieux possible, dans la justice ?

Pour les croyants, l'amour a à voir avec Dieu. C'est en sa présence que les époux veulent s'engager pour fonder leur couple sur le roc, comme dit un texte d'évangile souvent choisi par les fiancés pour la célébration de leur mariage (Matthieu 7, 24-27). Ils comptent aussi sur la communauté chrétienne pour les aider à réussir cette aventure, à rester fidèles. Et cette communauté les accueille comme un signe de Dieu.

Dans certains pays, la cérémonie à l'église compte comme engagement devant l'État. En Belgique et en France, depuis longtemps déjà, on a voulu séparer les deux par respect pour ceux qui ne partagent pas la foi chrétienne.

Pourquoi la messe est-elle aussi « barbante » ?

Il me semble que lorsqu'il y a des enfants à la messe, il doit y avoir au moins quelques mots qui leur sont adressés, ou un geste bien adapté à leur âge, ou une partie de la liturgie, par exemple celle de la Parole, spécialement animée pour eux dans un local à part.

Il y aura cependant toujours des moments où tu comprendras moins bien, parce que ce qui est dit est plus adapté aux adultes. En famille, lorsqu'il y a un invité, tes parents te demandent de rester à table même si, parfois, la conversation ne t'intéresse pas. Ainsi, petit à petit, tu trouves ta place dans la société des adultes.

Si tu veux que la messe soit moins « barbante », prends-y tes responsabilités. Tu peux être servant de messe ou participer à une chorale de jeunes, ou bien encore faire la lecture, lire une intention…

De toute façon, tu ne trouveras la messe « chouette » que si tu as envie de mieux connaître Dieu. Si tu vas à la messe comme à un spectacle, tu seras souvent déçu(e). Si tu y vas comme à un rendez-vous avec Jésus et avec la communauté chrétienne, tu y trouveras toujours quelque chose.

Quelle est l'importance de la messe ?

Peux-tu imaginer une famille qui ne se retrouverait jamais ? Quotidiennement, des chrétiens célèbrent l'Eucharistie, mais c'est celle du dimanche qui est la plus « officielle ». Depuis le matin de Pâques, en effet, chaque premier jour de la semaine, les chrétiens se rassemblent pour célébrer la résurrection de Jésus. Et voici deux mille ans que cela dure. Même pendant les persécutions, parfois au risque de leur vie, les chrétiens se sont retrouvés. C'est ce qui a permis à l'Église d'être encore vivante aujourd'hui.

La messe est le lieu où l'on conserve la mémoire de l'Évangile. Durant la première partie, on actualise son message par l'homélie ou le partage. La seconde partie de la messe est tout aussi importante : on refait les gestes de Jésus la veille de sa mort. C'est pour les chrétiens une façon de proclamer qu'il est ressuscité. N'est-ce pas au signe du partage du pain que les disciples d'Emmaüs ont reconnu Jésus vivant ? Et sur la route, il leur avait expliqué la Parole de Dieu (Luc 24, 13-35).

Ce rassemblement doit être joyeux, mais aussi priant. N'as-tu jamais connu une de ces célébrations dont on repart tout transformé ?

La messe n'est donc pas une obligation qu'il faut remplir pour se mettre en règle avec quelqu'un de sévère, mais une nécessité vitale pour le croyant, une source à laquelle il vient volontiers boire.

D'où vient le mot Avent ? Que signifie-t-il ?

Tu fais bien d'écrire ce mot avec un « e » ! Il vient d'un mot latin *adventus*, qui signifie « venue ». Le mot Avent ne signifie donc pas que l'on se trouve avant la fête de Noël, mais que l'on prépare la venue du Seigneur. Il est déjà venu, il y a deux mille ans, me diras-tu. C'est juste. Mais ce n'est pas parce qu'il est venu à Bethléem qu'il est déjà venu dans ton cœur et qu'il a été accueilli par tous. La fête de Noël nous invite donc à nous tourner non pas vers le passé (même s'il est bon de s'en souvenir), mais vers l'avenir. N'était-ce d'ailleurs pas le message des anges lors de l'Ascension : il reviendra ! À la messe, quand le prêtre dit : « Il est grand, le mystère de la foi ! » les fidèles répondent : « Nous attendons sa venue dans la gloire ! »

Depuis les débuts de la foi chrétienne, en effet, les croyants attendent le retour de Jésus, c'est-à-dire l'achèvement de son œuvre : notre humanité transformée par l'amour. « Et ce jour-là, il n'y aura plus ni pleur ni larme… », nous dit le livre de l'Apocalypse (21, 4).

Durant la période de l'Avent, les chrétiens se rappellent qu'il y a une terre nouvelle à préparer. Tout comme Marie et Joseph ont accueilli Jésus, les chrétiens veulent accueillir le Royaume d'amour qu'il est venu inaugurer.

Qu'est-ce que les cendres ?

Les cendres que les chrétiens reçoivent le premier mercredi du Carême, sur le front ou parfois dans le creux des mains, proviennent des branches de buis du dimanche des Rameaux de l'année précédente.

Au début du Carême, ce rite nous rappelle qu'il y a, dans notre vie, bien des choses futiles, inutiles, qui ne réchauffent plus personne et n'illuminent rien, qui s'envolent comme des cendres emportées par le vent. Mais, sous la cendre, il y a certainement encore des braises sur lesquelles il suffirait de souffler un peu pour voir le feu reprendre. « Convertis-toi et crois à l'Évangile ! » dit le prêtre. Il nous invite ainsi à commencer le Carême, à nous remettre en chemin vers la vraie vie, celle que Jésus est venu annoncer.

À l'autre bout du Carême, il y aura, au début de la veillée pascale, un grand feu allumé sur le parvis de l'église. Il symbolise le Christ ressuscité, la victoire du feu sur les cendres, de la vie sur la mort.

Le Carême, c'est quarante jours pour souffler sur les braises et faire renaître la vraie joie, qui est autre chose que tous les petits plaisirs faciles qui mobilisent inutilement nos énergies. Cette vraie joie, elle est à chercher du côté de l'amour. Lui seul réchauffe vraiment et illumine toute notre existence.

Quel sens cela a-t-il de faire Carême ?

Le Carême a pour but de se préparer à Pâques, cœur de la foi chrétienne. Jésus a traversé la mort. Il est ressuscité. Il a fait le grand passage que nous ferons tous un jour à sa suite. La vie chrétienne, c'est passer sans cesse de la mort à la vie. Chaque fois que nous aimons, nous faisons ce passage. Le temps de Carême est une période où l'on en reprend conscience. En effet, l'être humain est ainsi fait que ses enthousiasmes retombent très vite. Il faut sans cesse rallumer le feu dessous la cendre. C'est d'ailleurs par le mercredi des Cendres que commence le Carême et il s'achève, la nuit de Pâques, par le grand feu auquel on allumera le cierge pascal.

Pour raviver la flamme de notre foi, trois démarches sont proposées. On les retrouve dans toutes les religions. Il s'agit de la prière, de l'aumône et du jeûne. La prière

nous remet en contact avec Dieu, l'aumône nous rappelle qu'il y a encore des pauvres et des exclus et nous invite à partager avec eux, le jeûne nous apprend à nous retrouver nous-mêmes, sans nous laisser disperser par des choses inutiles, ni devenir esclaves d'une société de consommation.

Le but du Carême n'est pas de nous rendre tristes, mais de libérer la vraie joie. Plus Pâques approche, plus tu devrais redécouvrir la joie qu'il y a d'aimer Dieu, tes frères et sœurs et toi-même. Durant la nuit pascale, le cierge en main, tu pourras fêter la lumière du Christ vainqueur de nos ténèbres.

Pourquoi le Carême dure-t-il 40 jours ?

Dans toutes les civilisations et religions, certains chiffres ont une signification particulière. Ainsi, les Latins disaient que tout ce qui était à trois était parfait. Chez les Juifs, dans la Bible, le chiffre sept a quelque chose de sacré : il rappelle les sept jours de la création (le grand chandelier du Temple avait sept branches). Le chiffre quarante, lui, représentait la durée normale d'une vie.

Les Hébreux sont restés quarante ans au désert, où ils n'ont pas su résister aux tentations. Jésus, lui, a passé quarante jours au désert et a résisté aux suggestions de l'esprit du mal. C'est en souvenir de ces quarante jours-là que l'on vit le Carême. Il s'agit de repérer en soi les tentations et surtout de se mettre à nouveau à l'écoute de Dieu, de laisser l'Esprit Saint souffler sur notre vie. C'est un temps de prière et de réflexion sur sa vie en préparation à la grande fête de Pâques.

Si tu comptes bien, du mercredi des Cendres au jour de Pâques, il y a quarante-sept jours. C'est que l'on ne compte pas les dimanches qui, pour les chrétiens, sont chaque fois comme une petite fête de Pâques, en mémoire de Jésus ressuscité le premier jour de la semaine. Seuls les jours de la semaine sont donc vraiment Carême !

C'est quoi cette boîte qui est dans les églises, avec une lumière à côté ?

Cette « boîte » s'appelle un tabernacle, mot qui, en latin, signifie « tente ». Elle contient des hosties consacrées – la « Réserve eucharistique » ou encore, la « Sainte Réserve » – que l'on a conservées après la célébration de l'Eucharistie.

Le premier but de cette Réserve est d'avoir toujours des hosties consacrées pour les malades, notamment en fin de vie. Ils peuvent ainsi, avant le grand passage, communier une dernière fois. Jésus n'a-t-il pas dit : « Celui qui mange ce pain, même s'il meurt, vivra » (Jean 11, 25) ? Cette dernière communion s'appelle le « viatique », d'un mot latin signifiant « route ». Il s'agit du pain pour l'étape finale du grand voyage vers Dieu.

La petite flamme est celle de la « lampe du sanctuaire ». Elle attire l'attention sur la présence du Christ dans le pain conservé dans le tabernacle. En effet, pour les chrétiens, ce pain n'est plus du pain ordinaire. Il est le Corps du Christ, sa vie donnée pour nous. Souvent, les gens qui passent devant le tabernacle s'inclinent ou font une « génuflexion » (ils mettent un genou à terre). Parfois, ils viennent prier en silence dans l'église ou dans la chapelle où il y a un tabernacle. Parfois aussi, on « expose » le Saint Sacrement, c'est-à-dire ces hosties consacrées, pour un temps de prière que l'on appelle « adoration eucharistique ».

Pour les chrétiens, le Saint Sacrement est le signe que Jésus a tenu promesse : « Je suis avec vous, tous les jours, jusqu'à la fin des temps. » (Matthieu 28, 20.)

La

prière

Pourquoi prie-t-on ?

Tout d'abord parce que l'on veut parler à Dieu. Si tu es un(e) croyant(e), Dieu est quelqu'un pour toi, un ami, un soutien… Quoi de plus normal que de lui parler ? Quand on est heureux(se), pour partager sa joie avec lui ; ou sa tristesse, lorsqu'on est dans la peine. Et si l'on a des soucis, pour en lui parler. Peux-tu imaginer une amitié sans échange ?

Mais peut-être Dieu a-t-il aussi quelque chose à te dire. Toute la Bible est remplie des paroles que Dieu a envie de faire entendre aux hommes. Les prophètes s'exprimaient en répétant sans cesse : « Parole du Seigneur. » Dieu parle encore aujourd'hui. Par l'évangile surtout. En lis-tu parfois quelques pages ? Certaines sont plus difficiles à comprendre et d'autres sont particulièrement interpellantes : prie pour tes ennemis, partage avec les pauvres, aime ton prochain comme toi-même… L'évangile est une des manières dont Dieu fait entendre sa Parole aux hommes.

Si tu es attentif(ve) à ce qui se passe au plus profond de toi tu découvriras de bons désirs, des envies de faire le bien. Voilà encore une manière dont Dieu te parle. Et puis, il y a aussi tous les appels qui te viennent par les autres. Dans la prière, tu peux laisser tout cela retentir en toi et voir comment y répondre.

Quand je prie, Dieu ne répond jamais ?

Connais-tu la véritable réponse de Dieu à nos prières ? Sa présence, son amitié, son amour. Dieu est comme un ami. Il ne peut pas toujours nous accorder ce que nous lui demandons, soit parce que cela ne dépend pas que de lui (comme pour la guerre, où la volonté des hommes de faire la paix est nécessaire), soit parce que ce n'est pas bon pour nous (ne lui demande pas, par exemple, d'obtenir une bonne note sans avoir appris tes leçons).

Souvent, c'est dans les épreuves que nous le prions, quand rien ne va plus. Si tu n'exiges pas de lui une intervention rapide et musclée, si tu restes fidèle à la prière, tu découvriras petit à petit qu'il est là, à tes côtés, et qu'il te dit : « N'aie pas peur, je suis avec toi. » Tu peux toujours lui dire : « Seigneur, je ne te demande pas d'arrêter la tempête, mais aide-moi, par ta présence, à ne pas perdre confiance. »

Oui, Dieu répond, mais pas à notre façon. Il profite de la prière pour transformer notre cœur. Ainsi, il ressemblera de plus en plus à celui de Jésus.

Pourquoi Dieu n'a-t-il pas guéri mon grand-père ?

C'est bien triste de voir partir une personne qu'on a beaucoup aimée et qui nous a montré tant d'affection. On a parfois envie de se révolter. Mais la mort fait partie de la vie. Si tu es croyant(e), tu sais cependant que Dieu l'a accueilli dans son Royaume avec tout l'amour qu'il avait semé ici-bas. Et là, comme le dit le dernier livre de la Bible, il n'y a plus de mort (Apocalypse 21, 4). Il faut donc, un jour ou l'autre, laisser partir ceux que nous aimons.

Pourtant Jésus a guéri les malades, me diras-tu. Oui, mais pas tous. Dans l'évangile, il y a quelques miracles, mais ces gens qui ont été guéris sont quand même morts plus tard. Jésus voulait faire comme un clin d'œil, un signe : Dieu n'est pas pour la mort ni pour la maladie, mais pour la vie. Un jour, nous le comprendrons et nous n'aurons plus besoin de poser des questions…

Ton grand-père n'a pas été guéri. Je crois cependant que ta prière n'est pas perdue. Elle l'accompagne auprès de Dieu qui l'accueille dans son Royaume. Et, là, vous vous retrouverez.

Pourquoi les gens brûlent-ils des cierges à l'église ?

Le cierge est une manière de prier, particulièrement pour ceux qui ne trouvent pas facilement les mots. La petite flamme exprime alors la joie que l'on ressent face à Dieu, ou encore une demande de lumière et d'aide quand on est dans la nuit. « Le cierge continuera ta prière quand tu auras quitté cette église… », ai-je pu lire dans un lieu où beaucoup de gens venaient prier.

Prier, c'est penser à Dieu en l'aimant, lui adresser la parole, se tourner vers cette présence intérieure qui nous veut du bien, qui nous protège et nous aime. Il y a bien sûr encore d'autres manières de prier. Certains s'aideront de beaux textes, de prières écrites par des personnes qui trouvent les mots qui conviennent. D'autres s'expriment par leur corps, en chantant, ou en méditant tout au long de la marche… Et la Bible peut aussi aider à rencontrer Dieu.

C'est souvent devant les statues des saints que des cierges brûlent. Le chrétien croit en effet qu'il n'est pas tout seul devant Dieu. Il se sait accompagné par tant d'hommes et de femmes qui, avant lui, ont aimé Dieu et leurs frères et sœurs de tout leur cœur. Les saints sont de précieux compagnons de route. Ils montrent le chemin et continuent à prier pour ceux qui sont encore ici-bas.

Si tous les gens priaient Dieu, les guerres pourraient-elles s'arrêter ?

Mais bien sûr ! Si tout le monde priait, qui voudrais-tu qui fasse encore la guerre ? Il est en effet impossible de prier Dieu vraiment et de faire la guerre à son voisin.

Jésus nous a appris à dire à Dieu : « Que ton règne vienne. » Le règne de Dieu ? C'est la paix entre tous les peuples. Lorsque nous serons tous capables de dire vraiment à Dieu : « Notre Père, que ton règne vienne ! » il n'y aura donc plus de guerre. Hélas, nos prières sont parfois très intéressées et ne sont donc pas de vraies prières. Nous disons : « Que ton règne vienne », nous pensons : « Que mes rêves égoïstes se réalisent. »

La religion chrétienne nous dit qu'il y a un seul Dieu pour tous les hommes. C'est ce qu'on appelle le « monothéisme ». Ce Dieu-là, il est impossible de le prier pour remporter la guerre. Ce serait lui demander de prendre parti pour un peuple contre un autre. Hélas, souvent, au cours de l'histoire, les hommes se sont annexé Dieu. Lors de la Seconde Guerre mondiale, sur le ceinturon des soldats allemands, on pouvait lire : « *Gott mit uns* (Dieu avec nous). » Ce Dieu que l'on appelle ainsi au service de nos batailles n'existe pas. Il n'est qu'un prétexte, mais qui fait beaucoup de ravage. Mentir ainsi est arrivé à toutes les religions. Et chaque fois, c'est l'image de Dieu qui est défigurée.

Prier, c'est avoir des pensées d'amour pour Dieu et pour tous les hommes. Saint Jean, dans une lettre, écrivait aux chrétiens : « Celui qui dit qu'il aime Dieu et qui a de la haine pour son frère, c'est un menteur. » (1 Jean 4, 20.)

Peut-on être saint aujourd'hui ?

Bien sûr. C'est même l'idéal de tout chrétien. Attention, cependant ! Être saint ne signifie pas terminer sa vie dans un calendrier, mais ressembler à Dieu qui est vraiment saint : « Saint, Saint, Saint le Seigneur ! » proclament les croyants à la messe. Il est Amour, nous dit saint Jean. Il s'agit donc d'aimer. Si tu veux savoir ce que cela signifie, regarde Jésus. Il est le modèle des saints. Pour aimer comme lui, laisse-toi envahir par l'Esprit Saint qu'il nous a envoyé.

Souvent les saints sont représentés en prière. Pourtant, être saint, ce n'est pas passer sa vie dans une église, mais vivre avec amour sa vie de tous les jours. C'est près de Dieu que les saints ont trouvé la force de vivre ainsi jusque dans les moindres détails.

Être saint, c'est chercher Dieu tout au long de sa vie – en aimant tous ceux qu'il met sur notre route. Il peut y avoir des faux pas, des marches en arrière, et même des chutes. L'essentiel est de toujours repartir, de se relever, de faire confiance.

Certains chercheurs de Dieu sont plus connus. Ils sont proposés comme modèles à tous les chrétiens. Tant d'autres sont inconnus, mais sont tout aussi saints. Peut-être en connais-tu dans ta famille, dans ton village, parmi tes proches…

Le mal

Et pourquoi la souffrance si Dieu est Amour, comme on nous l'a appris ?

Il y a des questions qui ne trouvent jamais de réponse satisfaisante. Et celle-là particulièrement. À la lumière de l'Évangile, il est cependant possible d'écarter les mauvaises explications. Non, la souffrance n'est pas une punition que Dieu nous enverrait. « Est-ce lui ou ses parents qui ont péché ? » demandaient les Apôtres à propos de l'aveugle-né (Jean 9, 1). Jésus a préféré répondre en disant que l'amour de Dieu se manifesterait pour l'aveugle. Non, la souffrance n'est pas la preuve que le monde est mal fait et que Dieu a raté son œuvre. Le dernier mot n'est pas encore dit. Non, Dieu ne veut pas la souffrance. Il est le premier à en souffrir. Et quand il se fait homme, il n'est pas épargné : Jésus meurt en croix. Quand nous souffrons, Dieu est donc à nos côtés.

Il vaut donc mieux dire qu'il n'y aura sans doute jamais de réponse satisfaisante, sinon cette attitude : ouvrir son cœur pour consoler celui qui souffre et retrousser ses manches pour faire reculer les causes de la souffrance. N'est-ce pas précisément ce que Jésus a fait tout au long de l'évangile ?

Une chose est certaine pour le croyant : quand il lutte contre la souffrance, il ne lutte pas contre Dieu, mais avec lui. Et l'une des dernières pages de la Bible nous invite à l'espérance : « Dieu essuiera toute larme de nos yeux et la mort ne sera plus. » (Apocalypse 21, 4.)

Pourquoi Dieu a-t-il créé les hommes aussi méchants ?

À la première page de la Bible, il est écrit que Dieu créa l'homme à son image et à sa ressemblance, et il vit que cela était très bon. L'homme n'a pas été créé méchant, mais libre : nous ne sommes pas contraints à faire le bien. Si un jour tu apprenais que ton ami est forcé par ses parents de t'aimer, tu en serais bien triste.

Mais l'homme n'a pas toujours fait le bien. Adam et Ève n'ont pas voulu écouter Dieu. Caïn a tué son frère Abel… (Tu peux découvrir ces récits dans le livre de la Genèse, chapitres III et IV.) Pourquoi ? C'est mystérieux, comme lorsque toi aussi, tu fais le mal. Ne t'est-il jamais arrivé, alors que tout allait bien, de faire tout à coup un pas de travers et de tout gâcher ? Pourquoi ? Tu ne sais pas, mais tu reconnais que tu aurais pu l'éviter…

Oui, Dieu sait tout cela… Il en souffre. Voilà pourquoi il nous a envoyé Jésus. Par son pardon sur la croix, il a fait triompher l'amour là où il n'y avait que la haine. La méchanceté des hommes n'aura pas le dernier mot.

Le mal

C'est quoi, un péché ?

Une assiette tombe par terre. Elle est cassée. C'est dommage ! Aussitôt, tu vas t'excuser auprès de maman. Est-ce un péché ? Non, évidemment, c'est une maladresse. Tu ne l'as pas fait exprès. Et si, de colère, tu prends une assiette et que tu la jettes par terre. Est-ce un péché ? C'est d'abord un acte mauvais. Quand tu comprends que tu as mal agi et que tu en demandes pardon, tu ne diras pas « j'ai péché », mais « j'ai eu tort ».

Le mot péché, lui, appartient à la religion. Nous l'utilisons lorsque nous prenons conscience que le mal que nous faisons blesse notre amitié avec Dieu. Le péché, dit la Bible, c'est une « rupture d'alliance ». Le croyant sent très bien, parfois, qu'il n'est plus en accord avec Dieu. Il ne vit plus selon sa loi d'amour. Il comprend alors qu'il est temps de revenir vers Dieu. « Oui je me lèverai et j'irai vers mon père », se disait le « fils prodigue » de la parabole tandis qu'il gardait les cochons (Luc 15, 18).

Le péché c'est précisément un acte que tu commets et qui défigure en toi l'image de Dieu. Tu ne lui ressembles plus. Il y a maintenant une distance entre toi et le Dieu qui t'aime. Et c'est lorsque tu comprends qu'il te pardonne que tu saisis à quel point le péché t'avait éloigné de lui.

Pourquoi Dieu laisse-t-il faire tout ce mal ?

Voilà un bien grand mystère. Imagine cependant que chaque fois que tu fais une faute dans un devoir, tes parents interviennent. Il y aurait sans doute moins d'erreurs dans tes travaux, mais ce ne serait plus vraiment les tiens. Et si, à la fin de l'année, tu as un magnifique bulletin, en serais-tu fier (fière) ?

Dieu nous a créés et nous a confié le monde pour que nous ayons la joie de réussir cette aventure. Son plus beau cadeau, c'est donc notre liberté, et il la respecte. Sans elle, nous serions des marionnettes entre ses mains. Si Dieu intervenait sans cesse dans ta vie, serait-ce encore la tienne ?

Dieu serait-il alors un simple spectateur de nos malheurs ? Oh que non ! Il fait tout ce qu'il peut pour nous mettre sur la bonne route, un peu comme ces parents qui ne prendraient pas le stylo à la place de leur enfant, mais leur donneraient des explications et des conseils. Dieu ne cesse d'interpeller notre liberté. Pense aux prophètes, à Jésus lui-même, et à tous ceux qui, aujourd'hui encore font écho à sa voix, comme l'abbé Pierre, Mère Teresa, mais encore bien d'autres : des personnes de ta famille, tes professeurs, tes copains aussi.

Pourquoi a-t-on du mal en soi ?

Poser une telle question montre que tu grandis. Tu remarques qu'il y a du bien et du mal en toi et tu apprends à faire la différence. Je suis sûr qu'il y a des jours où tu es triste de voir le mal que tu as fait, alors que tu aurais pu faire le bien. « Le bien que je veux faire, je ne le fais pas, et le mal que je ne veux pas faire, je le fais », disait saint Paul (Romains 7, 15).

Il y a du mal en nous parce que le bien n'est pas automatique. Manger, c'est un instinct. Ce n'est ni bien ni mal, c'est nécessaire, c'est automatique. Mais le bien n'est pas un instinct. Lorsque tu le fais, c'est toi qui le décides, et toi seul.

Si le bien était automatique, ta maman te remercierait-elle si joyeusement lorsque tu lui rends un service ? Ce qui touche son cœur, c'est que tu l'as fait librement. Tu l'as décidé toi-même.

Pourquoi t'arrive-t-il parfois, hélas, de refuser de faire le bien (c'est cela, le mal) ? Peut-être parce qu'il est plus facile de ne pas aimer. Mais c'est aussi moins beau. Et notre cœur n'est plus en paix.

Le diable existe-t-il vraiment ?

Question difficile. Ce qui est certain, c'est que le mal fait des ravages dans nos cœurs et dans le monde. Et, parfois, on ne sait pas trop pourquoi, l'idée nous passe par la tête d'en être complice. Pourtant, à y réfléchir, il est si évident que seul le bien peut nous rendre heureux. Quand on cède au mal, on finit toujours par le regretter.

Mais d'où vient cette idée étrange de faire le mal ?

De Dieu ? Si tu es croyant(e), tu ne peux pas penser que Dieu, qui est bon, puisse te suggérer de faire le mal. Sinon, pourrais-tu encore lui faire confiance ?

De l'homme lui-même ? Peut-être, mais alors, c'est effrayant. Peut-on encore avoir de l'estime pour cette créature quand on voit les génocides, les guerres, le terrorisme, la pédophilie… ?

Certains pensent donc que le mal vient d'ailleurs, ni de Dieu, ni de l'homme, mais de celui que l'on appelle de toutes sortes de noms parce qu'on ne sait pas très bien ni qui il est, ni comment il agit : le diable, les démons, Satan, le Malin, Lucifer… Quand le mal est trop fort, en effet, on pourrait croire que l'homme est autant une victime qu'un coupable, qu'il a cédé à plus mauvais que lui. Mais il ne faudrait pas croire que le diable excuse toutes nos méchancetés.

Finalement, après toutes ces discussions, il reste à chacun de se demander s'il (elle) est prêt(e) à refuser le mal. C'est en effet toujours avec notre permission qu'il progresse et grâce à notre refus qu'il recule.

D'où vient le serpent dans l'histoire d'Adam et Ève ?

Tu sais certainement que l'histoire d'Adam et Ève mangeant du fruit défendu est une sorte de parabole (Genèse 3). Il s'agit de répondre à la question : d'où vient le mal dans le monde ? La réponse : sûrement pas de Dieu ! Il avait tout créé bon. Le mal est entré dans le monde par la liberté de l'homme qui n'a pas voulu obéir à Dieu, vivre selon sa loi d'amour. Mais le mystérieux serpent, dont on ne sait pas d'où il vient, a l'air de dire : ce n'est pourtant pas l'homme qui a inventé le mal, il vient de plus loin. L'homme a été trompé. Il est responsable, mais pas tout à fait. Il est tout autant une victime.

Le mal est toujours trompeur, nous dit l'histoire d'Adam et Ève. Ne te laisse pas avoir par ses ruses. Il te fait miroiter le bonheur et, au bout du compte, tu te retrouves floué. Le serpent nous fait comprendre qu'il n'y aura jamais moyen de répondre tout à fait à la question de l'origine du mal, mais qu'il faut continuer à résister à la tentation.

Tu vois, c'est finalement une histoire vraie, mais au sens où elle nous dit quelque chose de juste sur le mal trop présent dans notre vie et dans le monde. Chaque fois, en effet, que tu commets un péché, c'est un peu cette histoire d'Adam et Ève et du serpent qui recommence.

Marie

Qu'est devenue Marie, après la mort de Jésus ?

Quand j'ouvre la Bible, j'y trouve deux éléments de réponse : d'une part, Marie était au pied de la croix. Jésus l'a confiée à saint Jean, le seul qui ne se soit pas enfui (Jean 19, 25-27). D'autre part, entre l'Ascension (Jésus qui retourne auprès du Père) et la Pentecôte (les Apôtres qui reçoivent l'Esprit Saint), Marie était en prière avec les disciples, toutes portes étant fermées par peur des Juifs (Actes 1, 12-14). J'en déduis deux choses : Marie était bien intégrée dans la première communauté chrétienne et saint Jean l'a prise chez lui.

La Tradition nous rapporte d'autres petits éléments, mais avec moins de certitude. Ainsi, saint Ignace de Loyola pense que, même si ce n'est pas écrit dans les évangiles, c'est à sa mère que Jésus ressuscité est d'abord apparu. On raconte aussi que Marie a accompagné saint Jean à Ephèse, où il a écrit le quatrième évangile. Là, elle serait morte paisiblement – certains parlent non pas de mort mais de « dormition » – et, depuis toujours, les chrétiens croient qu'elle est déjà auprès de son Fils ressuscité, dans la gloire du Ciel. C'est ce qu'on fête le 15 août, à l'Assomption.

Peut-être faudrait-il conclure en disant que, comme Marie était en prière avec les disciples dans l'attente de la Pentecôte, elle est encore aujourd'hui au milieu des croyants, nous accompagnant de sa prière. Celle qui avait mis Dieu au monde est aujourd'hui au Ciel avec lui. Et là, elle prie pour nous, pauvres pécheurs…

Qui est vraiment Marie, en plus d'être la mère de Jésus ?

En disant que Marie est la mère de Jésus, tu as dit l'essentiel. L'évangile nous dit peu de choses sur elle, mais toujours en rapport avec Jésus. Ce Fils que Dieu lui a confié est le centre de sa vie. C'est d'ailleurs pour cela que Marie est le modèle de la vie chrétienne.

Marie était une Juive. Comme son peuple, elle attendait le Messie, l'envoyé de Dieu. Elle était certainement une femme de prière. Et c'est sans doute dans la prière qu'elle a entendu l'appel de Dieu à devenir la mère du Sauveur.

Marie est de ces femmes dont on ne dit pas grand-chose, qui ne font pas beaucoup de bruit. L'amour est parfois si discret, mais il est l'essentiel. Le bien ne fait pas de bruit et le bruit ne fait pas de bien, dit-on parfois.

La sainteté de Marie, c'est d'avoir toujours répondu oui. Quand l'ange est venu, mais aussi quand son Fils était en croix. Un oui de confiance. Voilà en quoi tu peux l'imiter. Tu pourras alors chanter comme elle : « Le Seigneur a fait pour moi des merveilles, saint est son nom ! » (Luc 1, 49.)

On dit que Marie est née en état de grâce, mais elle a quand même fait des bêtises ?

Tu as raison, Marie est née en état de grâce. Mais il faudrait être plus complet : toute sa vie a été vécue dans l'amitié avec Dieu, sans une ombre. L'état de grâce, c'est tout simplement cela.

En fait, on sait très peu de choses sur Marie. Le plus important, c'est bien sûr la réponse qu'elle a faite à l'ange Gabriel. Ce « oui » a illuminé toute sa vie et lui a permis d'accueillir, bien avant nous, Jésus, le Sauveur du monde. Elle qui devenait ainsi la maman du Sauveur du monde était déjà comme sauvée par lui, guérie entièrement du péché.

Cela ne veut évidemment pas dire que Marie a été une petite fille fade, toujours « dans les jupes de sa maman ». Elle a eu une existence comme tous les enfants. Les bêtises, comme tu dis, ne sont pas nécessairement des péchés. Le péché, c'est dire volontairement non à Dieu. Crois-tu vraiment que tes petites espiègleries, tes maladresses, et même tes petites disputes, sont toujours de vrais péchés ? Je crois que Marie, tout au long de sa vie, et dès son enfance, a rayonné la bonté de Dieu. C'est cela, « l'état de grâce ».

Pourquoi y a-t-il des apparitions de la Vierge Marie ?

Pour nous aider à croire en son Fils. Marie n'a qu'un désir, que nous aimions son Fils et que nous le suivions. C'est lui qui a les paroles de la vie éternelle.

Marie est une maman qui aime rassembler ses enfants autour de son Fils. Si tu as déjà été à Lourdes, tu as vu les foules nombreuses qui se rassemblent pour célébrer l'Eucharistie, pour marcher en procession avec le Saint Sacrement, c'est-à-dire Jésus présent dans l'hostie… La chapelle des confessions y est toujours pleine : beaucoup de pécheurs y reviennent à Dieu…

La même chose se passe dans bien d'autres lieux d'apparition mariale. Certains disent qu'aujourd'hui les temps étant plus difficiles, Marie essaie plus particulièrement de nous aider…

Bénéficier d'une apparition est une lourde responsabilité, une grâce belle mais exigeante. Certaines personnes cependant prennent cela pour un honneur et, parfois, inventent des apparitions pour qu'on les remarque, pour devenir des célébrités. Il faut donc rester prudent. L'Église examine toujours soigneusement les apparitions.

Index thématique

A

B

C

D

E

F

G

H

IJ

LM

N

OP

R

S

T

U

V

Illustrations

Klaas Verplancke
pages : 13, 16-17, 24, 27, 30, 33, 35, 39, 40, 45, 46, 48, 49, 51, 67, 69, 74, 77, 86, 115, 117, 121, 125, 127, 128, 133, 135, 143, 145, 148, 152-153.

Florence Vandermarlière
couverture et pages : 10-11, 15, 19, 22, 28-29, 36-37, 42-43, 53, 56, 60, 64, 70-71, 78, 80-81, 83, 89, 93, 97, 100-101, 105, 108, 110, 112, 118, 123, 130-131, 136, 138, 140-141, 147, 150-151.

Photogravure : Penez Édition
Achevé d'imprimer en décembre 2006
par SNP, Chine
N° d'édition : 07009
Dépôt légal : octobre 2004